はじめに

「ゆでガエル理論」をご存じでしょ

「カエルをいきなり熱湯に入れると、その熱さに驚いて飛び出して逃げ出してしまうが、カエルが温度変化に気づかないぐらいのスピードでじわじわと水の温度を上げていくと、最後には茹で上がって死んでしまう」というものです。実際には一定の温度になるとカエルは逃げ出すそうですが、環境変化に気づかず対応できずにいると、いつの間にか取り返しのつかない状況になっていることのたとえとしてよく利用されます。

少し前までの士業を取り巻く環境は、まさにこのゆでガエルに近い状況にありました。見えないところで競合は増え、競争環境は厳しくなっているにもかかわらず、目の前の仕事は忙しく、売上は普通に上がっている。だから今は困らない。一生懸命仕事すればなんとかなるという状況です。しかし、これはすでに過去になりつつあります。

読者の皆さんも認識されている通り、状況は大きく変わっています。今後2〜3年かけて起こるはずだった変化が、半年も経たない間に起こりました。この変化に対応できる・できないが、今後の事務所経営の命運を分けるのです。

本書は、「営業」「商品構成」「販売促進」を中心に、従前から積極的かつ多様な戦略を展開してきた実務家が、何を実行し、どのような成果をあげ、またこれからどのような成果をあげようと考えているのかをお伝えすることで、新しい時代における士業事務所のあ

るべき戦略策定、士業というビジネスモデルにおける事業経営に役立てていただけるよう執筆したものです。

　執筆前には、こういったノウハウを公開することで、弊所の競争力が下がるのではという心配も一部いただきました。しかし、多くの学問と同様に、すでに誰かが壁に当たり、悩んだすえに乗り越えた事柄は、答えやその導き出し方を皆で共有したほうがよいと考えています。自分が同じように苦しんだ事柄であれば、なおさらです。

　士業が力を合わせて新しい課題と向き合い、クリアしたらまた共有する。このような流れができれば嬉しいです。そして、この書籍をヒントに皆さんがさらに質の高いサービスを提供することで、業界全体のレベルをも上げていく。これを皆さんとともに実現できることを願っております。

2021年1月

五味田匡功・石下貴大

目　次

第5章　狙って紹介をもらう方法

第1章

士業を取り巻く環境

1-1 デジタルガバメント構想と士業の未来

　我々士業は、独占業務として与えられた範囲において、顧客が必要とする、国および地方公共団体等への手続きや申請の代行業務を担っています。すべての法人や個人が自ら直接行うのでは手間がかかり、また専門性や正確性が担保されません。そのため、国家資格を保有する我々士業が、専門性や正確性を担保しつつ、それを代行

◆図表1－1　デジタルガバメント構想のイメージ

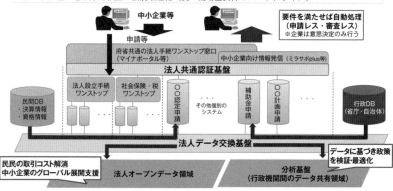

法人向け行政エクスペリエンス（2025年実現イメージ）

第一段階（2020年度以降）
　法人設立はオンラインで完結、その後、税・社会保険、補助金、その他支援策など**法人向けの主要手続き・サービスを1つのIDで利用可能**。一度提出したデータは繰り返し提出不要（**ワンストップ・ワンスオンリー**）

第二段階（2025年頃）
　法人に関する多様なデータを基に、要件を満たせば申請レスで処理。AIを活用し審査も自動化データに基づき政策を検証・個別最適化（例：補助金要件のパーソナライズ）

中小企業等

要件を満たせば自動処理
（申請レス・審査レス）
※企業は意思決定のみ行う

申請等

府省共通の法人手続ワンストップ窓口
（マイナポータル等）

中小企業向け情報発信（ミラサポplus等）

法人共通認証基盤

民間DB
・決算情報
・資格情報

法人設立手続
ワンストップ

社会保険・税
ワンストップ

○○認定申請

その他個別別の
システム

補助金申請

○○計画申請

行政DB
（省庁・自治体）

法人データ交換基盤

データに基づき政策
を検証・最適化

民民の取引コスト解消
中小企業のグローバル展開支援

法人オープンデータ領域

分析基盤
（行政機関間のデータ共有領域）

（出典）2019年2月経済産業省商務情報政策局
「法人デジタルプラットフォーム構想と政府全体での活用に向けて」

するのです。その役割は非常に重要で、筆者も誇りを持っており、社会的に必要な機能であると考えています。

　一方で、国は、間に士業を挟まず、インターネットを通じて企業や個人と直接やり取りをすることで、間で発生しているロスを削減しようと考えています。それが、デジタルガバメント構想です。

　筆者がデジタルガバメント構想について説明する際には、音楽媒体の歴史の話をします。1962年に、オランダのフィリップス社が「コンパクトカセット」を発売します。技術を無償公開した効果もあり、コンパクトカセットはカセットテープの標準規格になりました。1979年にソニーが「ウォークマン」（ポータブルカセットプレイヤー）を発売したことによりさらに普及し、1980年代後半にCDが普及するまで、音楽媒体として活躍しました。その後、2001年にアップル社から音楽ファイル管理ソフト「iTunes」、同年10月に「iPod」がリリースされます。さらにその2年後の2003年に、「iTunes Store」での音楽配信がスタートしました。以降の流れは皆さんも知る通り、音楽はダウンロードでの購入が主流となり、個別の楽曲を購入するのではなく、契約期間において聞き放題となるサブスクリプションと呼ばれるモデルも出てきています。

　この歴史において注目すべき点は、楽曲データを売り手から買い手に届ける手段の変化が、課金方法の変化を促しているということです。かつては、楽曲データを作り手から買い手に届けるためには、コンパクトカセット、CDといった媒体にデータを入れて流通させる必要がありました。その流通経路として小売店が必要となり、商業施設や個店でこれを販売する商売が成り立っていたわけです。現在では、インターネットを介して音楽データが直接買い手に届けられることも多く、この場合、小売店を通じた流通は不要となり、商

売としては成り立ちにくくなっています。

　また、流通して販売するためには、楽曲データの媒体への書き込み、封入等のパッケージ化、流通、陳列、在庫管理、返品等の作業が必要です。今は、これらすべてが不要となりました。その結果、コストが安くなった分だけ楽曲データが安く購入できたり、サブスクリプションでの購入といった選択肢が増えるなど、買い手がそのメリットを享受しています。

　さらに、売り手にとっても、直接顧客に届けることで、楽曲に対する感想や売れ数といった情報をリアルタイムで獲得することができます。流通コストが下がったことにより、利益率も高くなっています。流通の担い手としてコンパクトカセットやCDを販売していた小売店を除き、買い手にとっても売り手にとっても良い結果となっています。

　筆者は、士業の業界にもこれと同じことが間もなく起こると考えています。「国および地方公共団体」を楽曲配信者、「楽曲データの買い手」を申請や手続きを考えている法人や個人、「コンパクトカセットやCDを販売している小売店」を我々士業として置き換えると、デジタルガバメントで起きていること、起きようとしていることがよくわかると思います。

補助金の電子申請システム「Jグランツ」

① Jグランツとは

　従来の補助金申請手続における課題には、以下のようなものがありました。

```
【申請側】
　①　申請必要項目、添付書類が多い
　②　申請が難しい、実施後の手続きも煩雑
　③　自社に適切に活用できる補助金がわからない
　④　必要な補助金を見つけても、どのように申請すればよい
　　のかわからない

【国および地方公共団体側】
　①　紙の管理が必要
　②　企業情報の確認に時間がかかる
　③　過去の申請履歴等の情報照会が煩雑
```

　そこで政府は、デジタルガバメント構想の一環として、経済産業省主導により、補助金申請システム「Jグランツ」を開発し、2019年12月にリリースしました。Jグランツでは、補助金の申請情報の

◆図表1−2　Ｊグランツによる補助金申請の構造

現状の代表的な補助金フロー

- 紙や押印のフローが多数存在し非効率な状況。また補助金毎に業務フローやシステムが別々となっている。

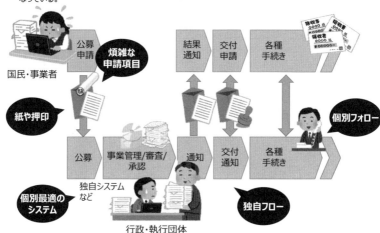

ｊグランツの全体構造

- 補助金適正化法で定められた手続きをベースに、シンプルな機能を提供する
- 国民・事業者向け機能（フロント機能）と行政・執行団体向け機能（バックエンド機能）を提供

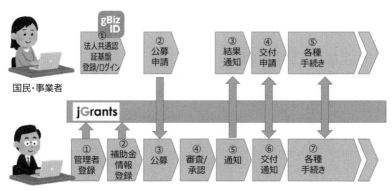

（出典）2018年11月経済産業省「補助金申請システムの検討状況について」

管理、活用できる補助金の探索、補助金申請および報告書の申請までもが一元的にシステム管理できるようになり、上記の課題が改善されています（図表1－2）。

　さらに、今まで補助金申請において手間がかかった印刷・郵送、押印等の対応が不要になり、利便性が向上しています。申請書を仕上げることは当然として、必要書類の印刷、部数セット、押印といった作業には手間がかかり、士業にとっても多数の案件を受託している場合には大変な作業負担となっていました。

　具体的には、小規模事業者持続化補助金、サービス等生産性向上IT導入支援事業といったメジャーな補助金が電子申請になったことで、申請負担が軽減されました。補助金によっては紙申請、電子申請併用のものもありますが、電子申請のみといったものも出てきています。

② 士業への影響

　Jグランツのリリースにより、申請する側、申請を受ける側の双方の省力化が図られました。

　この結果、申請方法や申請後の管理がよくわからないという理由でこれまで補助金申請を外部委託していた企業が、申請を内製化できないかと検討する流れができました。というのも、メジャーな補助金申請に対しての報酬額は、15％から20％が相場です。つまり、補助金額が1,000万円であれば、150万円から200万円の報酬を支払うことになります。専門家に任せるしかない状況から、自社でも申請できるかもしれないという状況になれば、健全な事業運営の意識

として、そのコストを削減できないかと考えるのは当然です。

　申請書の作成が複雑、経費が補助対象になるかどうか不確定、加点要素が取れるかどうか不明瞭といった点から、まだまだ外部委託をする企業が大半ですが、申請様式がより簡素化することで、自社申請をする企業は増えると予想されます。

　Jグランツを利用したものではありませんが、新型コロナウイルス感染拡大により設けられた「持続化給付金」という補助金は、電子申請にて実施すると、非常に簡便に申請を終了させることができるものでした。申請者は、①サイト上でID登録を行う、②マイページで申請情報を入力し、証拠書類をアップロードする、といった手順で申請を行います。その後、持続化給付金事務局が内容を確認し、振込みが行われるというものです。そのため、代行を依頼せずに自社申請をする企業が大半でした。これにより、インターネットを通じて自社で申請をすることへの企業の抵抗感は、かなり下がったと感じます。

　もちろん、これは緊急時の措置のため、今後の補助金すべてがそのようになるということではないかもしれません。ただ、今後の政府の方針としても、インターネットを通じた補助金申請の簡便化を推進していくとしています。その流れが、今後いっそう推進されていくことは避けられないと考えるべきです。

政府認定の
クラウドサービス

　電子申請の普及で自社申請を検討する会社が増え、外部委託の数が少なくなるという状況は、まだマシと言っていいのかもしれません。というのも、さらに未来の構想として「行政機関が手続きに必要な情報を各企業から直接収集する」というものがあります。

　政府が掲げる構想によると、政府認定クラウドサービスを利用すると、各社の個人情報や賃金データ等を行政（算定基礎は日本年金機構、年度更新は労働基準監督署）が直接収集し、自動で申請をしてしまうというものです。

　これは、インターネットが普及し、クラウドという比較的安価かつソフトの改定が簡易なシステム提供形態を介して、国と国民とが直接やり取りができる状態だからこそ可能になることです。申請が楽になるという思いよりは、社労士等の士業を介することなく、入社手続や退職手続などについてもソフトが自動でこれを実施するようになるのではないかと懸念する方も多いでしょう。

　行政が直接情報を取りにくるとなれば、不正をしようとする人もいなくなります。きちんと管理・申請しようとしている会社からすれば、なにかと内製化しやすくなり、その分の外部委託コストが下がります。そういった意味では、社労士の仕事量が減ったり、単価が下がったりすること以外は、メリットのほうが大きいといえます。すでに各システムベンダーは、こういった政府の動きを見越し、政

◆図表１−３　行政機関による情報の直接収集イメージ

　新しい提出方法では、民間事業者から各行政機関等に対し、調書類、添付書類等を提出させることに代えて、必要なデータをクラウド（注１）に記録した場合、自動的に行政機関等に対して、提出に係る通知を送信（注２）し、行政機関等が必要に応じて情報を参照（注３）する仕組みを構築する。
　クラウド行政機関等から民間事業者への**処分通知等の送付**にも活用することを想定するほか、クラウドの機能を活用したオンライン申請等も可能となる想定である（第二章参照）。

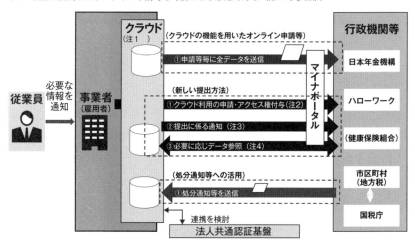

（注１）「クラウド」とは、民間クラウドサービスのほか、大企業のデータセンター等も想定し、企業が
　　　　有する企業保有情報の提出に使用できるものであり、その要件はデジタル行政推進法第６条
　　　　第１項に基づく主務省令で規定することを検討する。
（注２）アクセス権付与の時期については、事前に行うことを原則としつつ、別途②提出に係る通知
　　　　と同時に行う場合についても、法的整理を検討する。
（注３）クラウドに提出データが提出された場合、自動的に行政機関等に対して、提出に係る通知が送
　　　　信される。
（注４）各行政機関等が参照・取得可能な情報は、法令に基づき提出を受けている届出事項、添付書類、
　　　　調書類等で取得している情報の範囲内。行政機関等がクラウドから直接情報を参照・取得す
　　　　る仕組みとするか、マイナポータルを経由させる仕組みとするかという点については、今後検
　　　　討していく。

（出典）2019年4月各府省情報化統括責任者（CIO）連絡会議
「企業が行う従業員の社会保険・税手続のオンライン・ワンストップ化等の推進に係る課題の最終整理」

　府認定クラウドとして認定されよう、シェアを伸ばそうと、積極的な営業展開とシステム改善をしています。最初は使いづらかった部分もどんどん改善され、かなり使いやすくなっています。
　以下に代表的なクラウドソフトの一覧を記載します。

◆図表１－４　代表的なクラウドソフト

労務管理系クラウドサービス	
jinjer 労務	株式会社ネオキャリア
人事労務 freee	freee株式会社
HuRAid勤怠分析	HuRAid株式会社
ジョブカン労務管理	株式会社Donuts
SmartHR	株式会社SmartHR
Bizer	Bizer株式会社
社労務 Company Edition	株式会社 エムケイシステム
ARDIO	株式会社三菱電機ビジネスシステム
COMPANY WebService	株式会社ワークスアプリケーションズ
TimePro-NX	アマノ株式会社
社保労務ASP	株式会社 日本シャルフ
PSD労働社会保険	株式会社パシフィックシステム
らくらくe社労	日興通信株式会社
オフィスステーション	株式会社エフアンドエム
Gozal	株式会社BEC
Workcloud	Workcloud株式会社
奉行Edge 労務管理クラウド	株式会社オービックビジネスコンサルタント
AiRM	日本法規情報株式会社

給与管理系クラウドサービス	
freee	freee株式会社
MFクラウド給与	株式会社マネーフォワード
フリーウェイ給与計算	株式会社フリーウェイジャパン
Crew給与計算	株式会社アックスコンサルティング
ClearWorks 給与ワークス	株式会社スマイルワークス
給与奉行i10	株式会社オービックビジネスコンサルタント
JDL IBEX給与net2	株式会社日本デジタル研究所
PayBook	合同会社Pay-book.jp

GLOVIA きらら人事給与	富士通株式会社
Sociaクラウド 給与システム	株式会社 エフエム
Bulas Payroll	株式会社BBSアウトソーシングサービス
EasyPAYPACS	AGS株式会社
助っ人！給与	株式会社エフアンドエム
Workcloud	Workcloud株式会社
やよいの給与明細 オンライン	弥生株式会社
SPIRAL® 給与明細電子化	株式会社パイプドビッツ
Cells給与	株式会社Cells
PROSRV on Cloud	三菱総研DCS株式会社

会計系クラウドサービス	
クラウドERP　freee	freee株式会社
OBIC７会計情報ソリューション	株式会社オービック
NX−Plus　財務大将	株式会社ミロク情報サービス
PCA会計DX　クラウド	ピー・シー・エー株式会社
弥生会計オンライン	弥生株式会社
マネーフォワードクラウド会計	株式会社マネーフォワード
SmileWorks	株式会社スマイルワークス
HANJO会計	カシオ計算機株式会社
ジョブルポ	アーバン・コーポレーション株式会社
かんたんクラウド会計	株式会社ミロク情報サービス
ネットde記帳	全国商工連合会
Weplat 財務応援R4シリーズ	セイコーエプソン株式会社
A-SaaS	アカウンティング・サース・ジャパン株式会社
RUCARO	RUCARO株式会社
勘定奉行クラウド	株式会社オービック
Ｐｌａｚａ−ｉ	株式会社ビジネス・アソシエイツ
GLOVIA iZ 会計	株式会社富士通マーケティング

1-4

今後の士業の立ち位置

　2015年12月に野村総研・英オックスフォード大共同研究によって発表された、AI等で代替される士業と代替可能な業務範囲の比率があります。この研究によると、各士業の業務範囲は、以下のような比率でAI等に置き換わるといわれています。

行政書士：93.1%	税 理 士：92.5%	弁 理 士：92.1%
公認会計士：85.9%	社会保険労務士：79.7%	司法書士：78.0%
弁 護 士：1.4%	中小企業診断士：0.2%	

　この数値の正否への議論は置いておくとして、政府の動きやそこに準拠したソフトの増加を考慮すると、どの士業もまったく心配がないとはいえそうにありません。

　こう話すと、士業の未来は明るくないというのか、と詰め寄る方もいますが、そうではありません。我々には、国家資格保持者としてのブランド、行政への申請を行うにあたっての前提知識や経験があるからです。申請そのものは簡易になったとしても、そもそもどのタイミングでどのような申請をするのか、留意点としてどんなことがあるのかといったコンサルティング領域の仕事の市場価値は、むしろ上がることが予測されます。

　実は、こういったコンサルティング領域が士業経営において求め

られる傾向は、デジタルガバメントが始まる前から見られるように
なっています。世の中のいろいろなものが進化する過程において、
士業が提供するサービスの市場価値も変わってきています。付加価
値を縦軸、専門性を横軸とすると、図表1-5のように士業がとる
べき立ち位置は変わってきています。

　士業の種別によって状況は異なるので、この図表は一律に適用で
きるものではありません。その主な理由は、士業ごとに競合の多さ
と、差別化要因がどのポイントとなるかが異なるからです。競合が

◆図表1-5　士業の立ち位置

付加価値	独占業務として設定された手続きや業務を実行する際に、過去の経験や他の企業での事例等を参考までにアドバイスとして伝える。アドバイスそのものでは対価は得られないものの、納得度を上げることができる	実行することで利益が出る（売上向上、経費削減）、リスクヘッジにつながる情報をアドバイスとして伝える。アドバイスの精度が高ければ対価を得られると同時に、顧客に具体的なプラスの効果を生み出すことができる	提供したアドバイスの実行部分も担う。アドバイスをした情報が正しいものであっても、それを顧客が実行できない場合があるため、実行部分を負担すること（実行支援）で追加の対価を受け取り、実現性を高めることができる	実行支援に加えて、その実行に対する成果を保証する。情報が正しいものであることを証明するために成果に対してコミットし、成果が出た際に追加の対価を受け取る。顧客から見て、依頼する際の納得度が高くなる
	① 付加価値としてのアドバイス	② 専門的アドバイス	③ 専門的アドバイス＋実行支援	④ 実行＋成果保証

コンサルティング手法の進化

専門性

多くなると、他社との違いをアピールするために、より右側の領域
（専門性の高さ）での差別化を図ろうとします。

　具体的にいえば、これまで専門的アドバイスをするにとどまって
いた方が、アドバイスするだけではなく、その実行までを支援する
といったことをセールスポイントとするということなどです。その
セールスポイントを掲げる競合が少ないうちは、これが差別化要因
となるのですが、しばらく成果を上げ続けると、その様子を見てマ
ネをする競合が増えます。その結果、同じセールスポイントを持つ
競合が増えることとなり、再度、競合と差別化をするために、より
右側の領域での差別化を図ろうとします。具体的にいえば、実行だ
けではなく、成果保証をするということです。

　税理士、社労士は競合が多いため、比較的右側に位置することが
多く、弁理士は資格の希少性が高いため左側に位置することが多く、
弁護士、司法書士、行政書士はその間といった状況です。士業ごと
にどのコンサルティング領域が現在において主流であるかは異なる
のですが、デジタルガバメントの進行により、最低でも、「専門的
アドバイス」（図中②）ができなければ、「付加価値としてのアドバ
イス」（図中①）の部分のニーズが少なくなります。また専門的ア
ドバイスが主戦場となれば、「専門的アドバイス＋実行支援」（図中
③）もしくは「実行＋成果保証」（図中④）といった部分に踏み込
まないと、経営を成り立たせることができなくなる可能性は高くな
ります。

自社のコンテンツは
どこに位置するのか

　前節で見た「士業の立ち位置」に基づき、自社のサービスが今どこに位置するのか、以下を参考にあらためて確認してみてください。そして、可能であればひとつでも上の領域を目指せないか、検討してください。

1　付加価値としてのアドバイス

　「付加価値としてのアドバイス」は、本来独占業務として業法で守られている業務を代行するにあたって、ただ代行するだけではなく、その付加価値としてアドバイスを提供するエリアです。情報提供そのものに対しては報酬を得ていないこともあり、顧客からは感謝されます。良いところは手軽な点ですが、情報提供で報酬を受け取ることができないため、利益率は低めになってしまいます。例えば、司法書士が法人登記の依頼を受けたとして、「決算公告は、官報や日刊紙を用いるよりも電磁的公示のほうが手軽ですよ」と伝えるといったものです。そのアドバイスをしたことで報酬が上がるわけではありませんが、もし顧客が何も知らずに「官報で」と決めてしまっていた場合、決算公告にかかるコストを下げることにつながり、感謝されます。

② 専門的アドバイス

　「専門的アドバイス」は、上記のような一般的な事柄ではなく、対象となる企業のために専門的な情報提供を行うエリアです。一般的には、ここからが「コンサルティング」と呼ばれる領域です。士業が専門家として、法的な事柄とそれ以外について情報提供することで、企業はさまざまな経営判断を正確に素早く実施することができます。そのため、これにより報酬を受け取ることができます。

　ただし、実行するのはあくまで顧客であり、実行支援を行うものではありません。それゆえ、情報提供を受けた顧客が実行しない、または成果が出ない場合、その付加価値を感じてもらえないという欠点があります。

③ 専門的アドバイス＋実行支援

　「専門的アドバイス＋実行支援」は、情報提供だけではなく、実際にその情報に従って実行支援を行います。上記、「専門的アドバイス」領域の欠点である実効性を担保することで、より多くの報酬を得ることができます。また顧客にとって、依頼した際に実行してもらえるということは、専門的なアドバイスに対しての信頼性を高めることにもなります。

　課題としては、それぞれに顧客特性があるなかで、これをどのように効率よく提供していくかということです。これに対処するには、誰でもが提供できるよう、そのためのツールを充実させるか、すべ

17

てのスタッフがツールなしで納品できる高い職能を持つ必要があります。例えば、「KiteRa」という就業規則を簡易に作成するツールがあります。通常であれば、経験や専門性が必要とされる就業規則作成について、システム上で表示される選択肢を順番に選ぶことで完成させることができます。

④　実行＋成果保証

「実行＋成果保証」においては、実行するだけではなく、その成果保証をし、その成果に対して報酬を得ます。実行したものの成果が得られないといった逃げ口上を自ら封印することにより、顧客の信頼はより増します。ここまでくると、一般的な士業の範疇を大きく外れてきますが、コンサルティング領域を主戦場とするのであれば、このエリアで闘うことができないかを検討する必要があります。

　例えば、資金調達の支援をするとして、事業計画の作成と銀行折衝までを実行部分とします。そして、実際に融資が実行された際に、その融資実行額の何％かを成果部分として受け取ります。自社のサービスにおける成果とは何かを考え、その成果に対してコミットし、課金する。わかりやすくWin-Winのモデルであるので、競合の有無に関係なく取り組んでみてもよいと思います。

退職勧奨の支援事例

　ここでは退職勧奨をテーマに、「付加価値としてのアドバイス」から「実行支援＋成果保証」についての事例を提示します。一般的に、「従業員を辞めさせたい」という相談を受けた際に提供できるのは、以下のようなことと考えられます。

---

① 解雇および退職勧奨をした際の社会保険・雇用保険手続

② 解雇および退職勧奨を進めるに際してのスケジュールおよび実施事項のアドバイス

③ 解雇および退職勧奨の話合いへの同席、条件すり合わせ支援

④ 解雇および退職勧奨の代行

---

　①であれば、「事業主都合の退職となりますので、しばらく助成金が受給できなくなります」「懲戒解雇であれば、労基署に申し出をすれば解雇予告手当が免除されますよ」といった、『付加価値としてのアドバイス』を専門家として提供することとなります。

　②であれば、「解雇は後から不当解雇で裁判される可能性があり、危険なので一定金額を支払って相手の合意を取り付けましょう」「退職勧奨で合意を取り付けるに際しては、合意書が必要なので合意書を作成・締結しましょう」といった『専門的アドバイス』を実施し

て、なるべく低いコスト、リスクで従業員に辞めてもらうアドバイスを提供します。

　③であれば、②のアドバイスで準備したことに基づいて、従業員に対して辞めてもらう話をする際に同席し、条件のすり合わせを行う『専門的アドバイス＋実行支援』を実施します。

　④であれば、代行となると弁護士の領域になりますが、従業員との話合いを支援し、退職の合意を取り付けて実際に退職されるまでの『実行支援＋成果保証』を実施します。

　以下は、筆者（五味田）が能力不足等による退職勧奨の依頼をされた際に、『実行支援＋成果保証』に利用しているツールです。依頼があれば同席をして話合いに加わり、実際に退職した際に報酬を受け取り、辞めなかったり裁判になったりした際には報酬を受け取らない形式で提供しています。このツールを利用して、同席まではしない『専門的アドバイス』にとどめるのか、最終的に退職に至らなくても対価を受け取る『専門的アドバイス＋実行支援』にとどめるのかは、自社の方針や顧客ニーズに合わせて柔軟に設定してください。

　まず、資料1を用いて、退職勧奨の定義について説明します。退職強要と捉えられてしまう行為をしないよう、着手の段階でしっかり伝えておくことが重要です。

資料1 退職勧奨の説明

退職勧奨とは

　退職勧奨は、「特定の従業員に退職を促す」行為です。さまざまな施策を実行した結果、改善が見られず、辞めていただきたい従業員がいる場合に、解雇（雇用契約の一方的な解除）は非常に成立しづらいため、弊所では、まずは退職勧奨を実施し、その後に解雇という手順を推奨しています。また、「早期退職制度」と呼ばれる、退職金を上乗せすることで通常の退職よりも早いタイミングでの退職を促すものがありますが、これも退職勧奨の一種です。一般的に、退職勧奨においては優遇した退職条件を提示することが多くなりますが、これは絶対ではありません。優遇条件がないとしても、会社側からの退職の打診が受け入れられれば成立します。

　退職勧奨における最大のポイントは【退職するかしないかは、本人の自由な意思による】ことです。対象者が退職意思のないことを示しているにもかかわらず、使用者からの退職勧奨が継続して行われてしまった場合は、「嫌がらせ・退職強要」と捉えられてしまう可能性があります。そうなると、従業員側から慰謝料を請求されてしまう可能性もあります。

　また、退職勧奨の手段・方法が社会通念上の相当性を欠く場合は、違法な退職勧奨（すなわち退職強要）であり、不法行為として損害賠償請求の対象となります。実際、損害賠償を認めた裁判例も数多くありますので、留意が必要です。次の図表1－6は、退職勧奨、退職強要、解雇の違いをまとめたものです。

◆図表1－6　退職勧奨、退職強要、解雇の違い

	退職勧奨	退職強要	解　　雇
定　　義	退職を勧めること	退職を強制的に同意させること	雇用契約の一方的な解除
意思決定	本人の自由な意思	会社側の意思を通知し、強引に同意させる	会社側からの一方的な通知
面接の内容	退職勧奨を行う理由を明示したうえで、今後の社内での処遇と退職に応じた際の優遇条件等について説明をする。最終的には、本人が退職するかどうかを決定することを明確に伝える。	退職勧奨する理由を明示したうえで、今後の社内での処遇と、退職に応じた場合の優遇条件等を説明するのは同じ。会社側の強い意向を示して、退職に同意するように執拗に説得したり、脅迫したりする。	解雇理由を明示したうえで、解雇通知を発行する。面談は実施することが多いが、必ずしも面談が必要ではない。
面　談　者	基本的には、本人をよく知る管理者（評価者であることが好ましい）	・役職の高い社員複数名 ・上司と人事部関係者など複数名	・役職の高い社員複数名 ・上司と人事部関係者など複数名
面接時間	・1回の面接は原則30分程度 ・長くても1時間以内に抑える	・長時間に及ぶ面接 ・長時間拘束し、その間に外部への連絡や手洗い等にも行かせない ・逆に、ごく短時間で会社の決定のみを伝え、本人の意見を聞かない　等	
面接回数	本人が「退職しない」と意思表明をした場合には、それ以上面接は行わない	本人が退職に合意するまで何度も面接を行う	
面談の間隔	数日間の間隔をおく	面談実施後に、すぐに再面談を実施する	

面談の場所	会社としての正式な面談であるため、会議室等の社内で実施する	・他の社員に話の内容が聞こえる場所で行う ・社外の飲食店等で行う ・社員の自宅に押しかける　　　等	
応じない場合の処遇	退職に応じない場合、将来の処遇の可能性を伝える	・常識的でない転勤の命令 ・給与カット等の処遇ダウン ・降格や職種の転換　　　　　　　等	
そ の 他		・今まで出席していた会議に参加させない ・通常の業務を与えない ・その他嫌がらせ的な行為	

　次に、資料2を用いて、退職勧奨の流れを説明します。その一連の流れのなかで、担当者に理解しておいてほしいポイントを挙げ、意識をすり合わせます。

資料2　退職勧奨の流れの説明

退職勧奨の流れ

　弊所が退職勧奨を受託した際は、以下の流れにて実施します。

① 　対象者および過去の対応についてのヒアリング
　退職勧奨を検討している対象者に対してのヒアリングおよび資料の確認をします。
　ヒアリングおよび資料の確認事項としては、①入社日、②入

社時の求人内容、③雇用契約書（雇用期間分すべて）、④人事評価結果（あれば）、⑤過去面談記録（あれば）です。退職勧奨の対象者との関係においては、「どこでお互いの期待と実際とのズレが起こってしまったのか」「そのズレを解消すべく、どれぐらい関わったのか」が重要となります。例えば、求人時に「経験者優遇」としていて、その対象者を経験者として採用したにもかかわらず、実際には求めるレベルの仕事ができなかったといったことであれば、対象者のほうに問題があることになります。とはいえ、そうであるからすぐに退職勧奨してもよい、とはなりません。そのズレを埋めるべく、「経験者枠で採用し、それに見合う給与を支払っているので、○月○日までに改善してほしい」といったハードルをあらためて設定し、それを乗り越えるべく支援・教育をしたものの、結果として乗り越えられなかったということが求められます。

　雇用契約は【特定の時間、特定の場所で、使用者の指揮命令下において特定の業務を行う】ことを約束する契約です。業務時間内においての不出来は、基本的には雇用している側に責任があります。したがって、一定品質を保つための教育や指示命令を行っているにもかかわらず、対象者が成果を出さないことの原因について、対象者本人に「自身の責任において成果が出せていない」ということを実感しておいてもらう必要があります。

　日本の労働法規は、非常に労働者有利となっています。上記のような手順をしっかり踏んでいたかどうかがポイントになります。対象者に対しての不満をまだ一度も伝えていない、あらためての課題設定を一度も行っていないというようなことがあ

れば、退職勧奨を実施する前に、そういった課題設定の面談を
実施していただくこともあります。

②　退職勧奨における優遇条件設定

　①を実行したうえで、退職勧奨を進める場合には、優遇条件
を設定します。在籍年数にもよりますが、解雇の場合、訴訟を
起こされると6か月～1年分の月給＋弁護士費用を支払う必要
があることが多くなります。退職勧奨を告げた対象者がイン
ターネットで検索したり、弁護士やユニオンに相談した場合に
は、その相場を把握することになります。

　これは極端な話にはなりますが、「月給の1年分を支払うの
で辞めてほしい」と提示したとすると、在籍することに特別な
こだわりがなく、金銭的な部分だけで判断する対象者であれば、
承諾する可能性は高いです。しかし、「月給の1か月分を支払
うので辞めてほしい」ということであれば、金額が相場よりも
低いことから、対象者が承諾する可能性は低くなります。この
金額をいくらに設定するかはコストに関わる部分のため、難し
い判断となります。【たくさん支払えば解決しやすいがコスト
が高くなる、少ししか支払わないとコストは安くなるが解決が
しづらくなる】という前提のなかで、金額設定をする必要があ
ります。

　「ではいくらに設定するのが良いのか」とよく質問されます
が、3か月分から提示して、6か月分までで収めるよう話合い
をするのが一般的です。金額が最も重要な要素ですが、ほかに
は退職日と、引継ぎの有無という要素があります。業務の代替
性が低い場合は、しっかりと引継ぎをして辞めてもらう必要が

あるので、それを加味して決定します。

初期提示金額	最大支払い金額	退職希望日	引継ぎの有無
			有・無

　なお、会社の負担とはなりませんが、退職勧奨を受け入れた際には、「会社都合による離職」となるため、失業保険を3か月の待期なしで受給することが可能になります。

③　人事責任者同席による面談

　②で設定した条件を前提に、対象者との面談日、面談場所を決定します。

　面談の際には、人事責任者の方に同席していただき、人事責任者の方が主体となって話をしていただきます。弊所は弁護士事務所ではないため、代わりに交渉を行う代理権がなく、代わりに交渉するということが残念ながらできかねます。ただ、これはむしろポジティブな要素として認識しております。というのも、辞めてもらうとしても、いきなり弁護士が代理で交渉となると、対象者に大げさな話という印象を与えてしまいます。まずは話合いというスタンスで社労士が同席することは、大きくこじれていない段階では良い手段です。

　当事者間では言った・言わない、認識のズレといったことが平行線になることが多く、【どちらの味方ということではなく、両者の見解の相違を解消する】といったスタンスで同席する第三者がいることはプラスとなります。もちろん、実際には対象者の味方ではないのですが、対象者が素直に話を聞くための冷静さを確保するためにも、あえて第三者的な立ち位置をとらせ

ていただきます。

　最近はスマートフォンのアプリで簡単に録音することが可能なため、面談実施の際には、相手に録音されていることを前提とする必要があります。感情的になるのではなく、①入社から現在までの経緯、②退職勧奨に至るまでの出来事、③退職勧奨を受け入れた際の支給額、退職時期、引継ぎの有無、④失業保険の取扱い、について冷静に話をしていただきます。その後、それを聞いた対象者の意見をいったんは反論なしにすべて聞き入れます。たとえ事実と異なることであっても、途中で反論することで感情を逆なでする可能性がありますので、最後まで反論はせずに聞く姿勢を貫いていただきます。

　最後まで聞いた段階で、事実認識が異なる部分については第三者として確認をしていきます。この確認において重要なことは、事実認識を一体にすることではありません。記憶というものは曖昧で、事実認識も感情や状況によって受取り方が異なるため、退職勧奨にまで至っているタイミングにおいては、むしろすり合わないことのほうが多いです。ズレている部分は、「ここがお互いズレていますね」と確認できればOKです。

　場合によっては、ここで退職勧奨をするに至った事実認識そのものが勘違いで、取り消すようなケースもあるかもしれませんが、そうでなければ、退職勧奨を実施する結論は変わらない旨を伝えて、面談を終了させます。本人が退職勧奨の受入れをした場合には、その場で書面を締結します。ほとんどの場合は受け入れずに持ち帰ることになりますので、次回面談日を設定します。

④　対象者との優遇条件のすり合わせ

　会社側の退職を求める意思が揺るがないと対象者が認識した際には、多くの場合は金銭の話となります。仮に、弁護士やユニオンに依頼するとなっても、退職勧奨を受け入れずに解雇となっても、結果的には金銭による解決となる場合がほとんどです（稀に、在籍にこだわって解雇の無効を主張する場合もあります）。

　というのも、退職勧奨を申し出てくる会社で働きたいと考える人は、多くはありません。想定する金額内で収まるよう、話合いを続けていただきます。半数ぐらいは退職勧奨を実施した後に、業務態度が悪くなる場合がありますが、そういったケースにおいては面談を設定し、態度が悪くなっていることに対して指摘を行う必要があります。

⑤　退職合意書の締結

　退職勧奨の受入れについて合意を得たら、退職合意書を締結します。解雇と退職勧奨の大きな違いは、対象者の合意があるかないかです。ですから、合意書を締結するまでは油断ができません。合意を得たら、あまり時間を空けずに、弊所が作成した合意書を締結していただきます。

　これにて退職勧奨は終了となり、退職日までに定めた引継ぎ等を実施して、退職をしていただくことになります。

　そして、資料３で、費用を明示します。成功に至らなかった場合の取扱いも記載し、顧客への安心感を与え、信頼を得ます。

資料３　費用の説明

費　用

15万円

※退職とならず、弁護士が介入したようなケースは報酬をいただきません。

　最後に資料４で、留意点を説明します。この留意点を企業側に意識してもらうことで、退職勧奨の成功率を高めるだけでなく、成功へ導こうというこちらの心意気を伝えることができます。

資料４　留意点の説明

留意点

　退職勧奨の面談は、対象者とのトラブルを避けるため、次の項目に特に注意して行います。

①　面談回数は多すぎず、少なすぎず

　退職勧奨の面談は、１回では終わらず、複数回に及ぶのが一般的です。１回の面談で退職の合意を得ることは困難であり、何回か面談を重ねて相手の納得を得ることが重要となります。具体的なデータを示しながら、対象者に対するこれまでの評価を説明し、自社でのキャリア形成の見込みがないこと、今後の処遇の見通し等を示すことで、対象者自身が「ほかの企業に今

後の活路を見出したほうがよい」と思うように誘導していくのです。

　退職するまで何度も勧奨する行為は、退職強要と判断されかねません。「何回以上は退職強要になる」という明確な回数はありませんが、目安としては最大でも4～5回程度の面接で、「退職しない」という意思を明確に示された場合は、それ以上の勧誘はしない、と考えておくとよいでしょう。

② 面談実施の時間・間隔・場所にも気を配る

　面談は、原則として社内で行います。会社の近くの飲食店や、対象者の自宅などで行うケースもありますが、これには問題があります。

　また、業務時間内に行うことも原則となります。業務の都合で業務時間内に面談ができないときは、就業後1時間以内といった常識的な時間に行います。

　面談実施の間隔としては、1回目の面談以降、次回の面談までに数日から1週間程度の時間的な猶予を持たせることが望ましいでしょう。対象者が落ち着いて今後の進路を考え、家族とも相談する時間を持つためにも、短期的に何度も面談を繰り返すことは避けましょう。また、後々トラブルになることを想定すると、面談時間が業務時間外であれば、労働時間としての取扱いをすることが望ましいです。

③ 納得のいく条件を設定する

　退職勧奨の場合は、個別に退職条件を設定することになります。ここでは、さまざまな退職条件が考えられますが、できる

だけ対象者にとって納得のいく設定をするのが好ましく、トラブルを防ぐためには重要です。

　解決のための支給額とは別に、退職割増金を支給すること、再就職先を紹介すること、3か月は在籍のまま就職活動をしてもよいとすることといった条件を設定すると、対象者の納得度が上がります。スムーズな解決のためにも、これらを検討する必要があります。

④　日々の指導と労務管理

　退職勧奨がうまくいくかどうかは、その局面でのテクニックよりも、対象者が入社してからどのような指導をしてきたのか、どのような労務管理をしてきたのかという要素が大きくなります。本人に問題点を日々指導し、その改善がどうしてもなされないうえでの退職勧奨なのか、日々の指導をせずに突然行われるものなのかによって、相手の印象や納得度が変わるからです。

　また、未払い残業がある場合には、相手に余計な交渉材料を与えることとなり、退職勧奨がうまくいかない可能性が高くなります。こういったことからも、日々の指導と労務管理というのは非常に重要な要素であるといえます。

　人事制度が未整備もしくは不十分な場合には、トラブルに発展することもあります。従業員との不要なトラブルを避け、自社内で活躍してもらうためにも、整備をお勧めします。

⑤　解決金の支払い時期および労務・税務処理

　解決金が固まった際に、意外にトラブルになることとして、解決金から所得税や社会保険料・雇用保険料を控除するかどう

かという点があります。例えば、解決金100万円で折り合った際に、ここから所得税を引くと、支給額が100万円ではなくなります。このため、当初折り合った金額とは異なるといったクレームを受けるケースがあります。対象者が税法に詳しい場合は、そもそも課税をしないように指示してくることや、退職所得として処理をすると所得税が安くなるため、こういった処理を求めてくることがあります。

　和解金としての性質を持つことから課税対象とみなさないという考え方と、退職しなかったとしたならば支払われなかったものであり、退職したことに起因して一時に支払われることとなるという考え方があります。

※退職所得として取り扱う場合は「退職所得の受給に関する申告書」を本人に書いてもらう必要があります。

　こちらは顧問契約をしている税理士に取扱い方法を確認していただくのが確実です。雇用保険料については、未払い残業等の給与の性質を帯びている場合は、厳密にいえば対象となります。解決金を設定する際に、【結局の振込み額はいくらになるのか】ということまですり合わせをしておくと、余計なトラブルを防ぐことができます。

　資料をご覧いただければわかりますが、理論の説明だけではなく、実行をし、成功まで至れば報酬をもらうという提案です。この流れで退職勧奨支援をした顧客は、そのまま顧問契約に至る可能性が非常に高いです。その理由は、専門的アドバイスだけではなく、いざとなれば実行支援までしてもらえるというイメージができるからです。

　以上を参考に、皆さんもぜひ取り組んでみてください。

士業のDX化

1 リモート打合せの実践

コロナ禍によって得たもので大きいと感じるのは、顧客とのリモートでの打合せ習慣ができたという点です。我々士業の仕事は、労働集約的で在庫もできないため、労働時間あたりの生産性をいかに高めるかということが重要です。しかし、1時間の打合せのために往復1時間以上かけて顧客を訪問する、といったこともそれほど珍しくありません。この移動がなくなれば、その時間を業務処理や打合せに回せるため、収益向上やコスト削減につながります。これまで「オンラインで打合せを」と伝えると頭から否定していた方々も、最近では受け入れて実行してくれるようになってきています。

2 就業規則作成ツールの導入

また、弊所では、リモートでの打合せ開始と時を同じくして、就業規則作成ツールである「KiteRa」を導入しました。これは、インターネットを介して提供されるクラウドサービスで、表示される設問に回答するだけで、就業規則を自動生成するツールです。この導入によって、就業規則作成に必要な時間が10分の1になりました。

　それまでは、ある程度熟練した担当者がヒアリングシートを用いて顧客にヒアリングをし、それを就業規則に反映させる手順を踏んでいました。ですが、今ではKiteRa上で表示される質問を顧客に対して少し説明を加えながら投げかけて、その回答を入力すれば、簡単に就業規則ができてしまいます。就業規則の作成が、遠隔での打合せで、かつ熟練度がそれほど高くないスタッフでもできてしまうことに便利さを感じる反面、恐ろしくもあります。

　ただ、顧客に就業規則がすぐに出来上がることを伝えるべきかという葛藤はありました。価格相応ではないと判断されるのではないかという懸念です。筆者が顧客の立場であれば、質問されてすぐに仕上がってきた就業規則より、いったんは持ち帰ってもらい、後日送られてくるほうが価値が高いように感じるからです。言い換えれば、すぐに納品されるとありがたみが薄くなると考えたのです。

３　新技術は積極的に受け入れる

　結局どうしたかというと、事実を素直に伝え、その場で作成物を確認してもらうことにしました。内容・出来について即時にフィードバックを受けることで、品質や満足度を高めることにつなげたのです。これにより、受注量が多くなると対応しきれないことが出てしまうことから、状況によっては遠慮していた就業規則作成の依頼をなんの遠慮もなく受託できるようになりました。

　上記は一例であり、DX（デジタルトランスフォーメーション）化により、あらゆることに変化が起きようとしています。今までは専門性を前提に労働集約的に実施していた多くの業務を、システム

が行う時代だと考え、否定することなく積極的に受け入れる必要が
あります。用件の伝達に手紙を使う人が減り、メールを使うのが当
たり前になったのと同様に、便利なものは使わなければ競争優位性
が失われ、気がついたときには取り返しのつかない状況になること
もあり得るのです。

第2章

競合ひしめく業界で
急成長するための3要素

「規模の不経済」を意識する

1 士業が意識すべき「規模の不経済」

　「規模の経済」という言葉があります。同じ仕事を今よりも大きな規模で行うことで、効率的に費用を抑えることができ、利益を得やすくなるということです。例えば小売業であれば、拠点が増加することによる知名度向上や市場シェアの拡大、購入量増加による仕入れコストの削減、店舗出店ノウハウの蓄積といった事柄です。スケールメリットともいいます。

　また、「規模の不経済」という言葉もあります。「規模の経済」とは逆に、同じ仕事を今より大きな規模で行うことで、調整コストや管理コストが増え、むしろ利益が得にくくなることをいいます。労働集約的かつ一定の熟練度が必要なエステ店やマッサージ店といった業種、稼働率が勝負となるホテル業や航空会社といった業種は、「規模の不経済」が働きやすいとされています。

　士業は、①在庫ができない、②流通できない、③一定の専門性を必要とする、④労働集約的であるといった点において、「規模の不経済」が働きやすい業種です。言い換えると、規模を大きくすれば大きくするほど、工夫しなければコストアップする傾向にあるということです。この前提を踏まえるか否かは、士業・コンサルティン

グ業を運営にするにあたってとても重要なことです。

　単純に売上を増やすだけであれば、価格を安くし、広告費をかけて露出を増やせばそれほど難しくありません。しかし、そういった方法では、人材育成のスピードが追い付かず、顧客満足が得られない、スタッフが離職してしまうという事態を招くことから、顧客からの引き合いはあるものの依頼が受けられないといった課題を生むことになり、結果として長期的な売上の増加は見込めない状態になってしまいます。

　多数の競合がいるなかで筆者が急成長できたのには、上記の「規模の不経済」を意識した営業展開、組織運営をしていたことが大きく影響しています。デジタルガバメントの実現へと向かうこれからの流れのなかで、利益を出し成長していくためには、より重要な考えになるでしょう。

② 成長し続けるための３要素

　これからの時代を生き残るだけでなく、成長し続けるためには、上記を踏まえたうえで、次の３つのポイントが重要です。

```
① 士業業界のセオリーを加味した営業展開
② 利益が残る商品設計、価格設定
③ 属人化を排除した納品体制
```

それぞれ次節以降で詳しく解説していきます。

　もしかすると、今までの皆さんの常識とは異なる部分があるかも

しれません。ですが、まずは頭を柔軟にして取り組んでいただき、これを実践することで、その効果を感じてもらいたいと思います。筆者も最初からこの結論にたどり着いたわけではありません。日々試行錯誤し、改善を続けた結果、そこに至ったというのが正直なところです。皆さんが自社の発展を目指すのであれば、参考にしていただく部分があると自負しています。

士業業界のセオリーを加味した営業展開

1 依頼先を探す際のプロセスを理解する

　士業においての最適な営業方法は何でしょうか？　士業同士で紹介しあう、友人や知り合いに紹介を依頼する、交流会に参加して人脈を作るといったことがすぐに思いつくかもしれません。こういった営業手法を、取組みの一つとして認識しておくことは必要です。ですが、自社の商品・サービスがBtoBなのであれば、企業が依頼先を探すときにたどる次のプロセスを頭に入れておく必要があります。

---

　① 　自身の職能・経験が十分なので自身で行う
　② 　知り合いの中から今回の事案を解決してくれそうな信頼できる人を探す
　③ 　今回の事案を解決してくれる人を紹介してくれそうな信頼できる人を探す
　④ 　WEB検索で信頼できそうな人を探す

　例えば資金調達をする際に、自社でできるのであれば、まずは自社で実施するでしょう。自社ではできない場合には、知り合いの中から依頼ができそうな人を探すはずです。知り合いの中にいなけれ

ば、依頼先を紹介してくれそうな信頼できる人を探すでしょう。それでも見つからない場合に、WEB検索によって信頼できそうな人を探すという流れになります。人によってはすぐにWEB検索となる場合があるかもしれませんが、多くの方々は、このプロセスで依頼先を探します。資金調達のような、重要かつ慎重さが求められる事柄であれば、なおさらです。

2　1番に思い出してもらう存在になる

　ここでポイントとなるのは「信頼・信用」です。というのも、実際のサービス提供品質の高低の判断には、ある程度の専門知識が必要です。そのため依頼人は、士業のうち誰に依頼するかということを、過去の実績や他人の評判、経営者および担当者の人柄といったことで判断することが多くなります。したがって、依頼人が困ったときに、自らを1番に思い出してもらうことができれば営業機会が増えるのです。また、こういった経緯で得た営業機会は、すでに依頼人からの基本的な信頼があることから、見込み度も非常に高いものとなります。つまり、信頼・信用を高めることで、顧客からの直接の声掛けや、間接的に紹介をもらう機会を増やすことができるということです。

　注意したいのは、②や③のプロセスでは適切な解決手段がなく、④のプロセスによって依頼先を探してきた場合です。彼らは、まず絶対量が少なく、かつ信頼を一から作らないとなりません。したがって、案件にもよりますが、受注見込み度は相対的に低くなります。WEB経由の集客に力を入れる際には、その法則性を意識する必要

があります。

　大企業は高いコストを支払って、マスコミを通じて自社や自社商品・サービスを広告しています。それは、「購買動機が出た際に、1番に思い出してほしい」からです。「カップラーメンといえば？」あるいは「コンビニといえば？」、この回答に入ることが広告を出す理由です。我々士業がこれを実現するために、どのような順番で何に取り組むべきか、次節以降で解説していきます。

効果的な営業活動のための6つのステップ

1 ホームページとパンフレット・チラシ等の販促手段の作成

　営業活動をするにあたっては、まずはホームページとパンフレット・チラシ等の販促手段を作成する必要があります。

　ホームページやパンフレット、チラシを作成しておらず、「事業がある程度かたちになってから」「作ろうと思っていても忙しくてなかなか作れていない」という方がいますが、これは間違いです。仕事を依頼するにしても、顧客を紹介するにしても、ホームページもパンフレットもチラシもないということでは、どう扱えばよいのでしょうか。独立したばかりの士業の方から「顧客を紹介してほしい」と依頼されることがありますが、これらの販促手段を持っていないことが少なくありません。たとえ紹介したいと思っても、そのためのツールが何もないのでは躊躇してしまいます。

　これを飲食店で例えるとどうでしょうか。注文しようにも、目に付くところにメニュー表はなく、店員から「食べたいものを言ってくれたら、内容と価格を言います」と言われるようなものです。そのうえ店長から「できればお客様を紹介してほしい」と頼まれたにもかかわらず、自店のホームページはもちろん、飲食店検索サービ

スにすら掲載されていなかったとしたら、「どのように紹介すれば
…？」と困惑するはずです。

　飲食店においては異常なこととわかるにもかかわらず、これが士
業となると許される傾向にあります。この問題は他の営業活動をす
る前に解消しておきましょう。

　最近では仕事を依頼する前に、まずは会社名や氏名でインター
ネット検索するのが当たり前です。ホームページがなく、検索して
もなんの情報も出てこないのでは、見込み客を取り逃すだけでなく、
紹介の難易度も上がってしまいます。

　ビジネスチャンスを逃していることに留意し、ホームページとパ
ンフレット・チラシ等は、それなりのクオリティのものを早めに作
成することをお勧めします。

2　セミナーの準備・実施

　販促手段を調えたら、次にセミナーの準備・実施をします。

　「販促手段が調ったら、紹介をもらったり、交流会に出たりといっ
た実際の営業活動をするのでは？」と不思議に思われた方もいるか
もしれません。これは少し早計な判断です。というのも、いきなり
「顧客になってください」「顧客を紹介してください」といった声掛
けをされるのは、受けるほうからすると「重い」と感じてしまうか
らです。

　これが、「セミナーを開催しているので、よければ参加してもら
えませんか？」であれば、ずっと気軽に受け入れてもらえるはずで
す。

　セミナーが無料であれば、これを断る理由は、時間がないか、内容に興味がないということになります。これから自社のサービスを購入してもらいたい、紹介してもらいたいという相手に無料セミナーの参加を提案し、それを断られたとなると、その先（購入や紹介）に至るのは非常に難しいでしょう。

　セミナーをあまり得意としていない、実施したことがないという方もいるかもしれません。この対策としては、地道に経験を重ねることです。細かなコツとしては、原稿は一文を短くするほうが読みやすい、資料は作り込むべきといったことはありますが、機会をたくさん作り、セミナーが得意だといえるようになるしかありません。デジタルガバメントの時代が到来し、申請や手続きの市場が小さくなることが避けられないなか、士業にとって必須のスキルといえます。
　また、他社とコラボセミナーを実施することで、自社の存在を知ってもらえれば、見込み客を増やすことができます。その場では依頼とならなくても、いざ誰かに依頼したいとなった際には声掛けをしてもらえます。そういった意味では、セミナーは士業の営業手法としての基本形であり、究極形であるといえます。

3　連携できる士業を増やす

　セミナーを実施しながら、連携できる士業を増やしていきます。
　士業経営においては、自社を紹介してもらえるルートがどれだけあるかが生命線となります。士業同士は自身の職責範囲をよく理解

しているものの、顧客はそうではありません。それゆえ、税理士に労務に関する質問をしたり、社労士に税務に関する質問をしたりといったことがしばしば発生します。当然、職責範囲外の業務を依頼されても受託はできませんので、自身ではできないことを伝えて、「よければご紹介しましょうか」という流れになります。ここで自社を紹介してもらえるか否か、これが士業経営において非常に重要な要素となります。

この紹介を自社にもらうためには、紹介を受けられる、連携できる士業事務所を増やすことが王道です。ここを疎かにしながらFacebook、Twitter等での集客を行うのは効率が悪いです。

繰り返しになりますが、企業が士業に仕事を依頼する際には、

① 自身の職能・経験が十分なので自身で行う
② 知り合いの中から今回の事案を解決してくれそうな信頼できる人を探す
③ 今回の事案を解決してくれる人を紹介してくれそうな信頼できる人を探す
④ WEB検索で信頼できそうな人を探す

という手順で探します。セミナーは②と③に働きかける営業手段であり、士業の連携は主に③の土壌を作るための行動です。

通常は顧客の相互紹介をしていくことで関係性を深めるのですが、圧倒的に成果を出す方法、または効果のある方法があります。その詳細は第5章に記載します。いずれにせよ、紹介元をたくさん作ることは重要です。自社を紹介してくれる士業が多数になり、今

の仕事に困らなくなったとしても、紹介元となる士業の連携先を増やす活動は継続しておくとよいでしょう。

4 メールマガジン、お知らせチャットによる継続的な情報提供

　セミナーで見込み客、連携士業を増やしていきながら、同時に実施したほうがよいのは、メールマガジン、お知らせチャットによる継続的な情報提供です。自社が対応できるサービスのニーズが発生した際に自社を想起してもらうためには、最低でも忘れられないように、可能であればファンになってもらう必要があります。物理的に会うとなると負担が大きいので、法律の改正や自社の近況といった情報を流すことで継続的な接触を図ります。

　「ザイアンスの法則」というものがあります。1968年、アメリカの心理学者ロバート・ザイアンスがまとめた理論で、同じものに繰り返し接すると好意度や印象が向上するというものです（ザイオン効果とも呼ばれます）。

　顧客候補の囲い込みや連携士業を増やすという観点において、これに準じた定期的な接触を図ることが重要になります。情報発信のためだけに資料を作る、文章をまとめるというのは負担が大きく、継続が難しくなります。したがって、ツール販売会社が付随して提供しているメルマガ原稿を利用したり、顧客向けに実施している情報提供に関して丁寧に作り込んで発信したりといった方法がお勧めです。メールマガジンも良い手法ですが、昨今はメールを読み飛ばされることも多いので、「Chatwork」というツールを利用し、一斉

に情報発信するのも効果的です。通常は「グループチャット」と呼ばれるチャットに誰が入っているかが双方でわかるのですが、わからないように設定することも可能です。顧客とのやり取りをChatworkで実施している場合にはお勧めの手法です。

ブログやFacebook、Twitterのようなツールを使って、一般的に公開している情報を定期的に提供することも一つの方法ではあります。ただ、これだけ情報があふれている世の中では、公開情報として流れているものが誰の発信であったかという認識は薄れやすく、ザイオン効果は弱くなります。自社のメルマガやお知らせチャットのような、自社が関係者に対して情報提供できるプラットフォームを持つことが重要です。

5 異業種交流会、経営者団体への参加

ここまでを確実に実施していれば、営業レベルとしては、かなり高いレベルにあるといえます。このレベルに至ってから実行することで高い効果を上げるのが、異業種交流会や経営者団体への参加です。言い換えると、ここまでの過程を実践する前に実行しても、売上にはつながりにくいということです。理由は簡単で、よほど歴史が浅い会社でなければ、すでにそこには他の士業がいるからです。彼らより信用・信頼されなければ、依頼や紹介には至りません。「異業種交流会や経営者団体への参加をしても売上につながらない」などという人もいますが、それは自身の魅力が足りないからだと真摯に考えて、先にすべきことを確実に実施することをお勧めします。

　また、異業種交流会や経営者団体へ参加する際に心得ておかねばならないのは、もともと加入しているメンバーの方々は、新しく加入したメンバーの加入直後の動向をよく見ているということです。人として、プロとして信頼されていないうちに、自身から積極的に営業行為をしてしまうと、あっという間に悪評が広がってしまいます。参加する団体にもよりますが、半年程度は自分から営業行為はせず、そのコミュニティの雰囲気に慣れたり、役に立つために何ができるかを考えたりといった期間を経たほうが自社の売上・利益につながると考えましょう。

　もう一つのポイントは、いかに早いタイミングでコミュニティの中のキーパーソンを掴み、仲良くなるかということです。どのコミュニティにも、強い影響力を持つキーパーソンがいます。ストレートな言い方をすれば、その人と仲良くなればコミュニティにおいて一定の地位や立ち位置を得られるものの、嫌われてしまうとコミュニティに属することができなくなるという人です。コミュニティ内において細かく人間関係を作っていっても、それがむしろ問題になることもあり得ますので、早い段階でキーパーソンと良い関係を築くことが重要です。

6　他業界、他業種企業との連携

　次に取り組むべきは、他業界、他業種との連携です。

　例えば社労士の場合、企業へ研修を販売する会社との連携が可能です。彼らは助成金の利用を企業に勧めることがあるので、その申請を自社に紹介してもらいます。

　税理士であれば、不動産会社との連携が考えられます。物件を探しに来た起業希望者に対して、資金調達と税務顧問の対応先として紹介してもらいます。

　司法書士であれば、銀行から、登記をしたい会社、個人を紹介してもらいます。

　このように、士業以外の他社に対し、紹介をもらえるよう連携を提案します。ほかにも、金融機関や商工会議所といった、一定の顧客数を持ち、信頼されている組織との共同セミナー等を実施するのも連携方法の一つになります。

　当然、一般企業の方々が連携したいと考える相手は、「実績のある先生」です。ここまでのプロセスを着実に実施していれば、その部分は十分に担保できているといえます。逆に、販促活動やコンテンツの作り込みをしないままでは、他業界・他業種との連携は難しいでしょう。まずは、自社が紹介を受けるに相応しくなることを優先してください。そして紹介を受けたら、同業他社よりも早く、丁寧に、適正価格でサービスを提供します。紹介を受けた顧客に満足してもらうことが、次の紹介を促し、連携の強化へとつながるのです。

　一方で、これにはデメリットもあります。それは、①１つの紹介へのクレームによって、別の紹介をも受けられなくなる、②紹介された中に、自社にとって望ましくない顧客がいたとしても受け入れざるを得ない、という点です。そのため、先述のセミナー実施、士業連携、顧客候補や連携先の囲い込みといった士業の王道の営業パターンに先行して実施するものではなく、優先順位としては後に取り組むべき性質の施策となります。

　通常は上記のようなデメリットは、ある程度許容して付き合っていくのがセオリーです。しかし、紹介を受けながらも立ち位置を高くし、望ましくない顧客は断れるようになる手法があります。紹介を受けているにもかかわらず、そういったことが可能なのか？　そう疑問に感じたかもしれません。この手法の詳細は第5章で解説します。

利益が残る商品設計

　売上の獲得という点においては、前節で解説した士業のセオリー通りに取り組むことで問題・課題がなくなります。しかし、売れればよいというものではなく、売れた際にしっかりと利益が残る商品設計をする必要があります。どんなに売上が上がろうが、利益が出ないのではビジネスとして成り立っていません。かといって、利益をたくさん出すために値段を上げて、まったく売れないのも問題です。事業規模を拡大した際に利益が確保できる商品設計、価格設定をする必要があります。

　士業の商品構成において最も大事なのは、『Life Time Value：顧客生涯価値』です。顧客生涯価値とは、「顧客がそのサービスを使い続けるうえで、サービスに投下する金額の総額」を指します。簡単にいえば、長く契約をしてもらい、総額として高い報酬を得ることが大事だということです。新規顧客を獲得するには営業コストがかかりますが、既存顧客を維持することは報酬を受け取りながら実施することです。より高単価業務を提案するアップセルや、別のサービスもセットで提案するクロスセルによって追加のサービス提供をすることで、追加の報酬を得ることができます。そのため、士業経営においては重要な要素であるといえます。

　これを踏まえ、「自社がどのような商品・サービスの販売を増やせば、それを買ってくれた取引先と長期継続的な関係を保ち、お互

いのためになれるか」を考えます。事業再生といった一部の特殊な事例を除けば、士業は顧客の繁栄を前提としたビジネスであり、自社の商品・サービスが顧客に好影響を与えることで、自社の利益も上がりやすくなります。

　例えば、税理士が個人事業主である顧客と顧問契約をしているとします。その顧客の事業が成長し、法人化すれば、通常であれば顧問契約や税務申告料が増えます。また、「業務拡大に必要な資金調達、設備投資をしたいので補助金申請をしたい」と相談されることもあるでしょう。

　社労士の場合は、顧客の会社が大きくなって従業員の人数が増えれば、顧問料が上がる可能性があります。規模に合わせて規則や人事制度を作るといったこともあるでしょう。

　司法書士であれば、法人の登記をした顧客が業績拡大で支店を出す、新しい役員が就任するといった際に、新たな登記が発生するといったことが起こります。

　つまり、顧客に成功してもらうこと、その成功に関与することが重要となります。その前提に立って、自社が顧客の成長に合わせて提供できるような商品・サービスを保有しているか、それらが顧客生涯価値の高いものであるか、という観点を持つことが重要です。

スポット型とストック型

　商品・サービスは、大きく分けると、「スポット型」と「ストック型」に分けられます。スポット型の商品は、その名の通り単発での取引を実施するもので、一つの仕事を終えると、また即時に次の仕事をとりに行く必要があり、営業コストが継続的に必要となります。提供されるサービスにもよりますが、ストック型と比較すると1点あたりの金額が大きく、1回あたりの工数と売上の釣合いが取れている場合は、瞬間的な売上・利益の確保においては貢献度が高いです。他方、ストック型の商品・サービスは、単価は小さいものの継続的な取引であり、ストックされる取引先の数が多くなればなるほど安定的な収益を得られます。これもケースによりますが、初期に工数がかかり、落ち着いてくると工数が少なくなるといったものが多いです。

　標準的な士業の業務でいえば、税理士であれば「記帳代行」、社労士であれば「給与計算」などは、ストック型のイメージです。ストック型の商品は、ある程度の取引先を確保するまでの収益性は厳しく、取引先を増やすことに対しても比較的大きな労力がかかります。

　ここで重要なのは、それぞれの特徴をうまく捉えて、次のような工夫をしているか否かということです。

```
① 　スポット型→ストック型への流れを作る
② 　ストック型の手前にスポット型のサービスを導入する
③ 　ストック型の顧客からスポット型の売上を得る
```

これをしているかどうかが大きな差となります。

1　スポット型→ストック型への流れを作る

　スポット型→ストック型への流れを作るというのは、例えば税理士でいうと、資金調達、補助金といったスポット商品から、税務顧問といったストック商品を販売するという流れを作ることを指します。社労士でいえば、助成金や就業規則納品、単発研修といったスポット商品から、給与計算や手続顧問契約などのストック商品へという流れになります。行政書士の場合は、許認可の依頼を受けてから、記帳代行や契約書の作成・チェックで顧問契約をもらうという流れが考えられます。

　税理士、社労士は、ストック契約をすることに対して比較的顧客側の習慣があり、弁護士はそれには劣りますが、ストック契約の習慣があります。一方で、弁理士、司法書士、行政書士の場合は、顧客側にその習慣がなく、また商品そのものがないということがあります。その場合は、なんとか商品を作り、提供する方法はないか考える必要があります。この結果次第で、収益の安定性が大きく変わります。ですから、業界の常識にとらわれず、どのようにすればスポット型からストック型への流れを作れるかを考えてみてくださ

い。具体例として、行政書士である筆者（石下）が行っているスポット型からストック型への流れの作り方を以下で紹介します。

　まず、「一般社団法人の設立」というスポット業務を、「協会ビジネスのコンサルティング契約」というストック型へ展開しています。設立手続自体はスポット業務ですが、協会ビジネスの運営に必要な規約や業務委託契約書の作成、商標申請のご案内（提携の弁理士の紹介）、そして協会ビジネスの立ち上げまでのタスク出しと期限設定、その予実管理をしながら、ビジネススキームの構築やPDCAを回す手伝いをすることで継続的な収益化につなげています。

　また、例えば「許認可」について、建設業や産廃業、運送業など複数所持している場合や、外国人が多数働いているような場合には、それぞれ期限管理についてストック収入が得られるような顧問契約を締結しています。その際に、契約書のチェックや補助金の提案なども含めたプランを複数用意することで、もともとは単発の許可やビザの申請だったものを、継続的かつ、さらに高収益なモデルへとつなげることができます。

2　ストック型の手前にスポット型のサービスを導入する

　これは、①と似ていますが、ストック契約での依頼があったときに、その手前でスポット収入を得るということです。提供する商品にもよりますが、ストック契約は初期に工数がかかり、落ち着いてくると工数が少なくなり、採算があってくる傾向にあります。これ

までの業界の常識的には、ストック契約をもらう際にかかる工数負荷について、自社努力で吸収しようという考えが一般的だったように思います。

　その考えはいったん捨て、ストック型の商品を販売するのであっても、初期にスポット型のものを販売できないかと考える必要があります。例えば顧問契約をもらう前に、税理士でいえば財務診断と利益改善レポートを提供する、社労士でいえば労務デューデリジェンスを実施してレポートを提供する、弁護士でいえば法務デューデリジェンスを実施してレポートを提供する、といった流れを作ります。

　「せっかくのストック契約が失注する可能性があるのではないか」という懸念が生じるかもしれませんが、そこはスポット商品の魅力を向上させることで回避する必要があるでしょう。それを踏まえたうえで、自社で取り組めないかを検討する必要があります。

　筆者（石下）が代表を務める行政書士法人GOAL（以下、弊所）では、グループ会社である株式会社weeeにおいて、産廃業、建設業、宅建業向けの電子契約サービスを提供しています。電子契約自体はシステム利用料になるため、ストック商品の販売になります。ただし、その前提として、事前にスポットである許認可の手続きの依頼を受けます。また、補助金業務については、顧問契約で継続的に提案するというストック商品を売りつつ、まずは申請できそうな補助金の提案をして、スポットの依頼を受けます。その時期に使えるものがない場合には、顧客の課題の整理や事業計画の策定をしたり、場合によっては経営力向上計画や経営革新計画、事業継続力強化計画など今後の補助金申請においての加点項目にもなる申請をスポッ

トで受けています。

3　ストック型の顧客からスポット型の売上を得る

　これは、ストック契約をしている顧客に対してスポット商品を追加で提案し、購入してもらうということです。当たり前のように感じるかもしれませんが、ここも重要な点です。

　ストック契約をもらっていると、顧客としては、そのスポット商品をストック契約の中で、つまり追加コストをかけずにやってもらえないかと考えます。業務範囲や価格表が明確でなければ、押し込まれてしまうこともあります。追加の収益を出すだけでなく、そういった依頼を防ぐ意味でも、ストック契約を締結してサービス提供している顧客に対して、スポット商品をきちんと購入してもらう流れを作る必要があります。

　弊所では、就労ビザについてのアドバイス、教育研修などのコンテンツをもとに顧問契約をしています。そのなかで、当然に就労ビザ申請の依頼をもらいますが、顧客からは「顧問契約の範囲内で対応してほしい」という相談を受けていました。そこで契約を結ぶ際には、顧問契約締結時期内の申請であればいくら、というような条項を入れ、また特急案件の場合や複数人対応の場合、英語対応の場合など、想定されるケースを契約に盛り込むことで顧問契約の範囲の中と外を互いがしっかり共有できるようにしました。

　継続的な関係性が保たれていることで、補助金や融資、または提携先のコスト削減などを提案しやすくなり、先方にも継続的な関係

性にメリットを感じてもらうことができています。

＊　　　＊　　　＊

　これらの取組みが完成すると、スポット顧客がストック顧客になり収益性が安定する、ストック顧客の初期にスポット料金をもらうことで工数と売上のバランスが崩れることを避ける、ストック顧客に対してスポット型の売上を立てることで収益性を高める、という3つの改善が実現できます。

2-6

満足を得るためには
期待値を超える

　士業経営は、何でもかんでも売りつければよいということではありません。収益の最大化に必要な３つの工夫（①スポット型→ストック型への流れを作る、②ストック型の手前にスポット型のサービスを導入する、③ストック型の顧客からスポット型の売上を得る）を実行しても、売れないと意味がありませんし、仮に売れても顧客の満足が得られないと意味がありません。

　顧客生涯価値を高めるには、高いものをたくさん買ってもらうことを目標に、上記３つの工夫を考慮したうえで商品構成を構築、提案・販売し、その結果として、顧客に満足してもらうこと、つまり「価格以上の価値を得られた」と実感してもらう必要があります。

　士業のサービスは、顧客に専門知識がないことが多いため、その品質を事前に確認することが難しいことから、大げさに効果を述べることで顧客に大いに期待してもらい、価格以上だと感じさせて購入してもらうことができてしまいます。

　例えば、「弊社と契約すれば業績が倍になりますよ」「弊社と契約するとどんな財務状態であっても借入れができますよ」といったことを伝えれば、顧客は「ぜひ契約したい」となるでしょう。ただ、それが実現できなければ、不満、ひどければクレームの原因ともなります。見せ方ばかりを工夫して購入に至ったとしても、実際にサービス提供された際の評価が低く、その後の契約が途絶えてしまうよ

うでは意味がありません。

　サービス設計は、以下の原則を踏まえて、見せ方、納品方法、価格を決める必要があります。

〇商品・サービスを買うときの判断基準

事前期待価格	＞	実際の価格	→	喜んで購入
事前期待価格	＝	実際の価格	→	購入
事前期待価格	＜	実際の価格	→	購入しない

〇商品・サービスを買った後の判断基準

事前期待	＜	事後評価	→	満足
事前期待	＝	事後評価	→	当然
事前期待	＞	事後評価	→	失望

　一般的には期待値調整と呼ばれるものですが、営業側面での顧客との交渉的な意味合いではなく、サービス設計そのものを考える際の大切な考え方です。流行っている店ほど、常にメニュー・サービス等の改良を行うことで事前の期待を高め、多数の顧客に購入してもらう工夫をし、実際に利用した顧客の満足を得られるように努力をしています。我々士業も顧客生涯価値を大前提に、商品設計を工夫して、顧客の満足を得ながら安定した利益を生み出すための努力をし続ける必要があります。

属人化で起こること

　よくある士業の課題として、仕事の属人化が挙げられます。一部の仕事ができる人に業務が集まり、仕事ができない人はいつまでも仕事ができないまま、負担が偏ってしまうことです。この負担の偏りについて、ゲームなどで使われる「レベル」という概念を使って解説します。

● 事　例 ●

　ある事務所の代表者がレベル60、幹部クラス２人がレベル45だとします。新規にスタッフを採用しましたが、未経験者だったため、当然レベル１です。このスタッフを顧客の前に出せるレベルにするためには、教育を実施する必要があります。

　教育する側にも一定のレベルが求められるため、レベル45の幹部がレベル１のスタッフの教育に時間と労力を割きます。その期間は本来稼げる存在であるはずの幹部の生産性が下がりますが、それは我慢です。

　しばらく経ってスタッフがレベル10になり、やっと任せられる仕事が増えてきました。ところがその矢先、このスタッフは離職してしまいます。このスタッフにもある程度の仕事を任せる前提で受託していたため、仕事の総量が増えており、困ってしまいました。

　既存の仕事が忙しいなか、総量が増えたことによる負荷を他のスタッフでは吸収できず、代表者と幹部がこれを負うことでなんとか乗り越えます。そうすることで代表者と幹部はさらにレベルが上がり、代表者はレベル65、幹部２人はレベル50になりました。なんとか乗り越えた、と一息つく間もなく、また新しくレベル１のスタッフが入ってきて、再び幹部が育成をすることになります。その結果、代表者や幹部はどんどん成長し、他のスタッフとの差は広がるばかりで、仕事量やレベルの偏りはますます大きくなっていきました。
　そして、幹部の１人が辞めて独立した際には、この事務所は大変な状態に陥りました。

　こういった事例は、従業員数が５〜10人ぐらいの士業事務所でよく見られます。こういった現象を起こさない、繰り返さないための対策を打たなければ、20人を超えることは難しくなります。ほかにも、無理矢理に人を増やしたものの、新しく入ったメンバーの生産性が低く、昔からいるメンバーのみ生産性が高いという不均等な状態が続くことになってしまいます。そうならないためには、属人性を排除する必要があります。

2-8

非属人化した
納品体制の構築

　意識が高い・低い、仕事ができる・できない、と人を評すること
があります。それは「チェック項目の数と精度」に違いがある、と
言い換えるほうが再現性があると考えています。

　トイレ掃除を例に考えてみましょう。いきなり「君に任せた」と
なると、任せられたほうは、自分が掃除が必要だと思う場所を自分
が適切だと感じるように掃除します。すると、鏡を拭く・拭かない、
トイレットペーパーやペーパータオルを補充する・しない、といっ
たことは本人任せになります。過去の経験や知識から、トイレ掃除
において「すべきこと」と認識している項目が多く、その精度が高
ければ、「意識が高い」「能力が高い」人となり、その項目が少なく、
精度が低ければ「意識が低い」「能力が低い」人となります。

　仕事でも同じことがいえます。仕事ができる人は、仕事を任され
た際に注意すべきと考えることがたくさんあり、それを正しい順序
で抜け漏れなく実行できます。能力や熟練度が高ければ自然にその
ような状態になりますが、そうでなければ抜け漏れが出たり、順序
を間違えたりします。この差を埋めるには、「精度が高く、優先順
位がわかるチェックリストを作成する」ことが必要となります。こ
れは顧客にサービス提供する際の品質に大きく影響することです。

　例えば、労務顧問として契約を結んでいるにもかかわらず、調査

の際に、こちらが指摘していなかった点が不備だと指摘された場合、「せっかく顧問契約をしていたのに」と顧問先の不満につながることがあります。この際に、担当者の意識が低いから、仕事ができないからといった属人性を許容した考えでは、また同じことが起こる可能性があります。

　属人性を排除するためには、チェックリストを作成し、それに沿って、順番に業務を遂行していくことが最も効果的です。次のチェックリスト（図表2-1）は、「年金事務所と労働基準監督署の簡易な調査を乗り切るためのチェックポイント」でもあります。

　各担当者にこのチェックリストを使用してもらい、マネージャーが定期的にこれをチェックします。また、項目の意味がわからないということがないように教育することで、個人の意識に頼らない管理体制を構築することができます。

◆図表2-1　年金事務所と労基署の調査を乗り切るためのチェックリスト

	順番	設　　問
法令遵守	1	就業規則（本則、賃金規程、育児・介護休業規程）が作成されている
		就業規則（本則、賃金規程、育児・介護休業規程）が周知されている
		就業規則（本則、賃金規程、育児・介護休業規程）が法改正の情報を踏まえて都度改定されている
		雇用契約書が作成されており、各種規程と矛盾した内容になっていない
		雇用契約書が作成されており、入社や雇用条件の変更の都度、締結して保管・管理している
		事業の状況に応じて必要な各種協定関係書類等（労使協定等）が締結されており、提出が必要なものは提出されている

2	雇用保険の加入要件を把握したうえで、適正に管理できている	
	社会保険の加入要件を把握したうえで、適正に管理できている	
3	労働時間、残業時間は実態通りに把握および管理できている（サービス残業等が発生していない）。また支払うべき残業代は、法定基準を満たしたものとなっている	
	労働時間、残業時間は適正な方法で管理されている（労働時間の客観的な把握がタイムカード等によりできている）	
	固定残業で設定された労働時間を超える分は残業代を支給すること等を実施し、サービス残業等は発生していない	
4	過去1年間において、従業員（短時間正社員を除く）1人あたりの各月毎の法定時間外労働および法定休日労働の合計時間数がすべて45時間未満である。ただし36協定の特別条項を定めている場合であって、その月が45時間を超えていた場合は、年間の総合計時間が720時間未満であること	
	36協定の特別条項で定めている月を設定し、管理できている	
5	労働安全衛生法に基づく定期健康診断を実施しており、必要に応じて産業医・保健総合支援センターの支援を受けて健康確保対策（医師の意見書の回収等）を実施している	
	パートを含む週30時間以上（正規従業員の労働時間4分の3以上）働く労働者に対し、医師による健康診断を実施している	
	職場の定期健康診断を実施した結果、異常の所見があると診断された労働者について医師等から意見を聴いている	
6	変形労働制・フレックス制度・短時間勤務等、柔軟な働き方に対する制度を導入している場合、就業規則での規定や労使協定の締結等の制度の法的導入要件を満たしている	
	（1か月単位の変形労働時間制を導入している場合）就業規則または労使協定で期間内の各日、各週の労働時間を定めている	
	（1年単位の変形労働時間制を導入している場合）労使協定で労働者の範囲、対象期間、特定期間、労働日、労働時間を定めている	
	（1週間単位の変形労働時間制を導入している場合）労使協定で定めている	
	（フレックスタイム制度を導入している場合）就業規則かつ労使協定で、始業・終業時刻決定を労働者に委任すること、労働者の範囲、清算期間、総労働時間を定めている	
	（短時間勤務制度を導入している場合）就業規則または労使協定に規定されている	

7	労働安全衛生法に基づくストレスチェックを実施し、必要に応じて面接指導等も実施している　※50人未満の事業場は努力義務	
	ストレスチェックを実施している	
	医師に高ストレス者と判断され、医師との面接指導を希望する労働者に対して、専属・嘱託の産業医等による面接指導を実施している	
8	職場におけるハラスメント（妊娠・出産・育児休業・介護休業等に関するハラスメントやセクシュアルハラスメント、パワーハラスメント）の防止措置を実際に講じている（ハラスメント防止ハンドブック/ハラスメント対策マニュアルの作成、研修の実施、相談窓口の設置等）	
	職場におけるハラスメントを防止するための具体的な措置を講じている	
9	正規雇用労働者と非正規労働者（有期雇用契約者、パートタイム労働者等）の各雇用区分ごとの規定を定めて周知しており、同一労働同一賃金ガイドラインに反した雇用区分ごとの待遇差（正社員とパート社員とで割増賃金が異なる、正社員と嘱託社員で育児/介護休業規程が異なる等）がない	
	正規雇用労働者と非正規労働者（有期雇用契約者、パートタイム労働者等）の雇用区分ごとの規定を定めている	
	正規雇用労働者と非正規労働者（有期雇用契約者、パートタイム労働者等）の雇用区分ごとの規定を周知している	
	「職務内容・配置の変更範囲」が同一である正社員とパート社員とで割増賃金が異なる、正社員と嘱託社員で育児/介護休業規程が異なる等の待遇差は生じていない	
10	年次有給休暇管理簿を作成し、全従業員が5日以上取得する取組みを実施している（年休取得奨励日、取得日数年次有給休暇の繰越し等、法定基準を超える年次有給休暇、一斉年休の実施、目標値の設定、取得日数について給与明細での表示、取得が低調な者または低調な職場の管理者への通知等自身の取得状況がわかる仕組みの導入等）	

第3章

信頼を得て契約に
つなげるための3要素

士業はオール時価でジャンル不明の飲食店状態？

第2章では、急成長するための士業事務所の営業手法を中心に解説しました。本章では、士業としてより根本的な課題について解説します。筆者は、士業は「オール時価でジャンル不明の飲食店状態」になっていても、それほど問題ではないという風潮があると考えています。

例えば飲食店で、①看板に飲食店と書いているが和食、中華等の判別がつかない、②どの料理がいくらなのかわからない、③料理がどれくらいで出てくるのか、どんな味なのかわからないとなると、勇気を出して入ったとしても、実際に注文するのは気が引けてしまいます。

これを士業、コンサルティング業に置き換えると、①名刺や販促ツールにどんなことが得意かという記載がない、②価格記載したメニュー表がない、③納品手順や導入後の成果イメージがわからない、となります。顧客も依頼しづらく、周囲も紹介しづらい状態であり、これでは自社にとって必要な依頼・紹介を受けることはできません。

デジタル化で紹介や集客、納品の際の地理的な制約がなくなりつつあるなかで、今までは競争優位の源泉になっていた「近くに事務所がある」「フットワークが軽い」「人柄が良い」といったことの価値は相対的に低くなります。ですから、自社の立ち位置を明確にし、環境が大きく変わっても安定した受注を得られる体制を構築する必

要があります。

　実施するべきこと、それ自体はそれほど難しいことではありません。以下の通り、信頼を得て、それを契約につなげるための3要素を実行することで、達成することができます。

---

①　自社の得意分野の決定（強みとターゲットの明示）

②　価格を記載したメニュー表の作成

③　人としてプロとして信頼を得る

　ただしその前提として、「誰に」「何を」「どのように」提供すれば、自社売上・利益が最大化されるのかを定めておく必要があります。それを一般的には『事業ドメイン』と呼びます。

強みとターゲットの明示

　事業ドメインの設定は、自社が経営を行うにあたっての範囲を決める重要な要素です。事業ドメインを設定するにあたって参考となる有名な理論として、「エーベルの三次元」があります。これは、1980年にデレク・エーベルが著書『Design The Business（事業をデザインする、邦題：事業の定義)』の中で提唱した事業領域の定義フレームワーク「エーベルの三次元事業定義モデル」（Three Dimensional Business Definition Model）のことで、端的に事業ドメインを設定するためのフレームとして今も利用されています。

◆図表3-1　エーベルの三次元

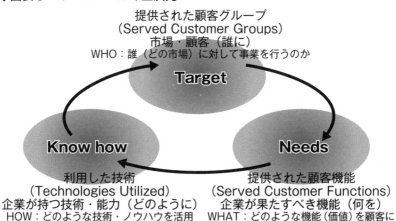

　事業ドメインを設定するにあたって、ターゲットが広すぎると競合が多くなり、狭すぎるとそもそも顧客がそこに存在するかどうかわからない、といった事象が起きます。

　事業ドメイン設定のコツは、ターゲット欄に理想とする顧客を書くことです。

　次に、ニーズ欄には、ターゲットに設定した顧客に対するセールストークを書きます。通常はターゲットとしている顧客の抱えている悩み、課題といったことから勘案されるニーズを書くのですが、難易度が上がるため、セールストークを書くことで顧客の悩みや課題を簡単に定義します。

　最後に、ノウハウ欄にそのセールストークの根拠を書きます。本来であればSWOT分析等を実施して書くのですが、難易度が上がるので、セールストークの根拠を書くことで簡単に定義します。

　例えばプライベートジムを運営するライザップでいえば、

●ターゲット：何度もダイエットに挑戦しながらもうまくいかず、今回こそは短期間でダイエットしたいと考えている人
●ニーズ：必ず短期間で理想のボディが手に入る
●ノウハウ：食事制限と運動にまつわる独自のノウハウ

といった具合です。

　事業ドメインを設定せずに紹介をもらおうとすることは、紹介の難易度を高めてしまいます。事業ドメインを設定していないと、その他大勢の士業との差が感じられないため、「お勧めする理由」を

紹介者が作りにくくなるからです。

　例えば「ターゲット：介護業専門」、「ニーズ：介護業でよく起こる問題を解消し、人材定着率を上げる」、「ノウハウ：介護業の顧客が多く、数多くの実績がある」といった事業ドメインがあれば、介護業の社長が人材定着に悩んでいるといった相談があった際に、紹介をしやすくなります。

　「なんでもできます」というスタンスは、顧客の窓口が広くなり紹介を受けやすい印象がありますが、むしろ紹介の機会を逃している可能性が高いので注意が必要です。

　まずは自社の事業ドメインを設定し、販促物にそれを反映するところから始めましょう。

◆図表3－2　事業ドメインの設定

　　　自社の事業ドメインを以下の図の中に書き入れてください。
　　　※複数事業がある場合は、事業ごとに作成する必要があります。

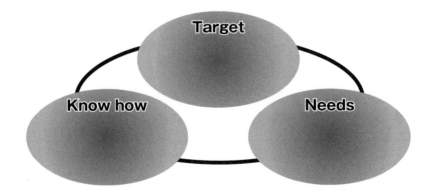

　もちろん1度設定して終わりではなく、顧客にアプローチした結果や紹介者からの意見を受けて、スムーズに紹介を受けられるようになるまで改良を加えます。この事業ドメインの競争優位性と収益性が高いかどうかが以降の取組みに大きく影響してきますので、継続的に見直しをしてください。

　「まずいうどん屋ほど、ほかのうどん屋にうどんを食べに行かない」という法則があります。同業他社がどのような商品を提供しているのか、自社と比べて優れている点、劣っている点はどこで、自社をどのようにすれば改善できるのかを考え、それを実行するプロセスが欠けているため、結果としてまずいままになってしまうのです。

　士業・コンサルティング業も同じです。提供するサービスのレベルが低い人ほど、業界の最新知識や同業他社の動向といった情報を仕入れることにお金と労力を使いません。専門的な情報を提供することで対価を得ている士業がこれを仕入れないのでは、情報の不足や陳腐化を招くことになり、命取りになります。

3-3

価格を記載した
メニュー表の作成

　通常のビジネスで価格を提示しないことはあまりないのですが、士業の業界においては、最初に価格提示をせず、話を聞いて見積りベースで、というケースが珍しくありません。

　士業を探すことが困難な時代であるならともかくとして、これだけ担い手が多く、インターネット等を利用して簡単に士業にアクセスできる時代においては、最初に価格提示しないなど通用しなくなってきています。ただ、価格を記載したメニュー表を先に提示すると、表示した価格が足を引っ張り、利益が出ない価格で受注をしてしまったり、逆に相場観や顧客の希望価格を外して失注したりする可能性があります。そういったデメリットを考えて作成していないことも理解はできますが、それは作業工数の標準化や価格の決定ルールが曖昧であることが要因の一部にもなり得るので、メニュー表を作成することを通じて解消することをお勧めします。

　イメージをしてもらいやすくするために、社労士である筆者（五味田）が実際に利用しているメニュー表（図表3－3）をサンプルとしながら、ポイントについて解説していきます。

1　単品とパッケージ商品を切り分けて記載する

　「顧問契約」「給与計算代行サービス」といった単品ごとの記載と、「顧問契約・給与計算パック」といったパッケージ商品の記載とを切り分けることで、顧客の選択肢を広げます。ただし、パッケージ化すると、パッケージの中に内包されたサービス内容の価値がわかりづらくなりますので、広い業務範囲をカバーするような契約については単品ごとの価格も記載し、パッケージ化されることで割引になっていることがわかるように記載することが望ましいです。

◆図表３－３　価格記載のメニュー表

顧問契約

従業員数	～10人	11～20人	21～30人	31～40人	41～50人	51～60人
顧問料	20,000円	30,000円	40,000円	50,000円	60,000円	70,000円

従業員数	61～70人	71～80人	81～90人	91～100人	101人以上
顧問料	80,000円	90,000円	100,000円	110,000円	ご相談

給与計算代行サービス契約

従業員数	～10人	11～20人	21～30人	31～40人	41～50人	51～60人
給与計算	15,000円	20,000円	25,000円	30,000円	35,000円	40,000円

従業員数	61～70人	71～80人	81～90人	91～100人	101人以上
給与計算	45,000円	50,000円	55,000円	60,000円	ご相談

勤怠集計をする場合は、別途従業員１名につき1,000円をいただいております

顧問契約・給与計算パック

従業員数	～10人	11～20人	21～30人	31～40人	41～50人	51～60人
顧問料	20,000円	30,000円	40,000円	50,000円	60,000円	70,000円
給与計算	15,000円	20,000円	25,000円	30,000円	35,000円	40,000円
パック料金	35,000円 ↓ 30,000円	50,000円 ↓ 40,000円	65,000円 ↓ 55,000円	80,000円 ↓ 65,000円	95,000円 ↓ 80,000円	110,000円 ↓ 90,000円

従業員数	61～70人	71～80人	81～90人	91～100人	101人以上
顧問料	80,000円	90,000円	100,000円	110,000円	ご相談
給与計算	45,000円	50,000円	55,000円	60,000円	ご相談
パック料金	125,000円 ↓ 105,000円	140,000円 ↓ 115,000円	155,000円 ↓ 120,000円	170,000円 ↓ 140,000円	ご相談

※業種・入退社の頻度により多少変動
※従業員数には、事業主・役員・パート・アルバイト等を含む
※初期導入費用は給与計算代行サービス費用の4か月分
※賞与については年2回支給までは顧問業務として実施

② パッケージの中に含まれるもの、含まれないものを記載する

　顧客は「パッケージ」といわれると、悪気なくそのパッケージ内にいろいろと盛り込まれているものと考えるものです。トラブルを避けるためにも、パッケージの中に含まれるものを記載することはもちろん、パッケージの中に含まれないものも記載する必要があります。

◆図表３－４　パッケージに含むもの、含まれないものの明示

▌顧問契約に含まれる業務内容

手続業務

- 入退社時各種保険（厚生年金・健康保険・雇用保険）加入・喪失手続
- 労働保険申請手続（労災等）
- 社会保険申請手続（出産・傷病等）
- その他、労働保険、社会保険に関する手続き全般

相談業務

- 労働法・社会保険法に関する相談
- 労働条件に関する相談
- 従業員採用に関する相談
- 労使問題に関する相談
- その他、労働保険、社会保険に関する相談全般

▌顧問料に含まれないもの

- 就業規則作成・変更
- 労働・社会保険の新規適用および年度更新、算定基礎届の提出
- 役所調査対応
- 助成金申請
- 給与計算（別途パック料金をご用意しております）
- 個人に関する業務（年金請求）など
- 各種研修・コンサルティング

３　工数が変わる部分は価格を分けて記載する

　士業は、基本的には時間を切り売りする商売です。在庫ができない、流通ができないという性質から、サービス提供する際には人が時間をかけて対応する必要があります。もちろん処理そのものを電子化したり、RPAを活用することで省力化することは可能ですが、

どちらにしても現時点においてまったく手がかからないわけではありません。

　そのため、工数が変動するポイントにおいてはメニュー表を分けて記載しないと、受託したはよいものの、コストのほうが多くかかってしまうという事態になりかねません。また、メニュー表に書いていないことで見積りを出したり請求したりしてしまうと、信頼感を損なうことになります。大変な作業ではありますが、工数を勘案してメニュー表に反映しておきましょう。

◆図表3−5　年度更新・社会保険の算定基礎のメニュー表

従業員数	社会保険 （算定基礎等）	労働保険 （年度更新等）	社保・労保セット
9人以下	20,000円	20,000円	30,000円
11人〜20人	30,000円	30,000円	50,000円
21人〜30人	42,000円	42,000円	74,000円
31人〜40人	52,000円	52,000円	94,000円
41人〜50人	60,000円	60,000円	110,000円
51人〜60人	66,000円	66,000円	122,000円
61人〜	（ご相談）		

4　成果で変動するスポット報酬は下限を示す

　助成金申請や資金調達、補助金申請といった、成果に応じて一定割合を請求するサービスでは、関与することで得た便益額に一定割合を乗じたものを請求することがあります。

　顧客が得られた便益額が大きければ大きいほど報酬額が増えます

が、便益額が小さければ報酬額も少なくなります。一定の報酬額を
下回った際には、サービス提供に必要なコストを下回ることが起き
てしまいます。それを避けるために、報酬額が少ない場合は一定額
を請求することをあらかじめ記載しておきましょう。

　また、顧問契約のような継続的な契約を別途締結している場合に
おいて、変動制のスポット報酬の報酬割合を減らすような価格設定
にすれば顧問契約への誘導にもなります。

◆図表３－６　助成金申請のメニュー表

顧問契約締結していない 顧客様の申請	助成金支給額の25% 助成金受給額が200,000円未満の場合は10万円
顧問契約締結している 顧客様の申請	助成金支給額の20% 助成金受給額が200,000円未満の場合は5万円

◆図表３－７　補助金申請のメニュー表

顧問契約締結していない 顧客様の申請	補助金採択額の20% 補助金採択額が50,000円未満の場合は別途見積り
顧問契約締結している 顧客様の申請	補助金採択額の15% 補助金採択額が50,000円未満の場合は別途見積り

人としてプロとして
信頼を得る

　営業活動において業務を依頼してもらうために重要なことは、「人として信頼される」ことと「プロとして信頼される」ことです。この2つは似て非なるものです。

　「人として信頼される」とは、「顧客が紹介しようとしている士業が、人として悪い人ではなく、紹介しても相手の方に迷惑をかけることはないと判断できる状態」です。この状態を得ることは、テクニックでかなりカバーできます（すべてとはいいませんが）。理論だけ学んでも実践しなければ身につきませんが、実践すれば緩やかであっても向上するスキルなので、ぜひ身につけてください。

　「プロとして信頼される」とは、「顧客が紹介しようとしている士業が、その分野の事柄について詳しく、自身の課題の解決を図ってくれることから、紹介をしても相手の方のプラスになるはずと判断できる状態」です。この状態を得るためには、いわゆるコンサルティング営業ができる必要がありますが、その詳細は、コンサルティング営業（92ページ参照）で解説します。

　ここで考えたいのは、「信頼」とはそもそも何なのかということです。それは、社会を形成し、分業することで他の生物に打ち勝ってきた人間の生存戦略の一つといわれています。分業体制においては、疑うことには手間（コスト）がかかります。

　例えば食事に行って、「毒が入っているのでは」「食材が古くて食中毒になるのでは」と考えなければならないとすると、毎回何らかの検査の後に食事することになります。時間も手間も費用もかかり、無駄が多くなってしまいます。それは医療にしても小売にしても同じで、「信頼」をベースに疑う手間を省くことで、余計な手間（コスト）をかけずに社会は成り立っています。

　本を出してヒットしている、名前を検索すると華々しい経歴がたくさん出てくる、知名度がそもそも高い、といった外形的なことから信頼されることが理想ではありますが、今日の前に対面する人の信頼を得るためには次のようなテクニックが使えます。

1　人として信頼を得るためのテクニック

（1）ビジネスにおけるコミュニケーション

　コミュニケーションの意味を調べると、「コミュニケーション（英: communication）もしくは通信、交流、意思疎通とは、社会生活を営む人間の間で行われる知覚・感情・思考の伝達。（生物学）動物個体間での、身振りや音声・匂い等による情報の伝達。」（『広辞苑』岩波書店）とあります。

　一般的には「情報の伝達」という意味で使われることが多いでしょう。しかし、ビジネスにおいてはそれだけでは問題があります。言った・言わない、聞いていたけどよく理解していなかった、理解していたけど納得していなかった、といったことが起きてしまいます。基本的にはお金をもらっているほうが立場は弱いため、クレームに

発展した際にはこちらが謝罪することになります。そうならないためには、コミュニケーションを「信頼を前提に何らかの手段を使い合意を得ること」と定義して、合意を得るというところまで確実に実行する必要があります。

　意外かもしれませんが、コミュニケーションの最初に位置するのが信頼感です。最終的に合意を得るためには、この信頼感の有無が非常に大事です。例えば、初対面の人に自分の髪型について「あなたはパーマよりストレートのほうが似合うんじゃないですか」と言われたらどうでしょうか。おそらく「自分の何を知っているんだ」と、どれだけ理由を説明されても納得はしづらいでしょう。しかし、これを10年来の親友に言われたとしたら、「そうかもしれない」と考える可能性は高くなります。これは人にとって、何を言うかより、誰が言うかの影響が大きいことを表しています。

　信頼感があるという前提で次にすべきことは、言葉だけではなく資料を使ったり、身振りで示したりということの実施です。ここまですればOKというものではなく、合意を得るために必要となる多様な手段を駆使することが大切です。合意というゴールに向けてできることを自分で選択して実施する。そう考えてコミュニケーションを取れば、伝えて終わり、聞いていないほうが悪いという考えにはならないはずです。

　つまり、ビジネスにおけるコミュニケーションとは、「信頼を前提に、何らかの手段を使い合意を得ること」となり、手順にすると、

①　信頼を得る
②　意思伝達を複数の手段で実施する
③　合意を得る

となります。顧客に対してさまざまな合意を取り付けられることが、士業にとっては非常に重要な要素となります。

（2）自己紹介に必要な３要素

　髪型が変な美容師、服がダサいアパレルスタッフから顧客を紹介してほしいと言われても、紹介しない方が大半でしょう。人の印象値は初対面であらかた決まってしまい、それを覆すには大きな労力が必要です。自己紹介の内容については熟考を重ね、まずは良い印象を持ってもらい、信頼を得られるようにする必要があります。

　ここで意識してもらいたいのが、カラオケとコンサートの違いです。カラオケは、自身が歌いたい曲を歌います。聞いている人のことも多少は意識しますが、基本的には自己満足のために行うものです。そもそも自身が費用を負担しており、歌うことを楽しむことが目的ですから当然です。

　一方のコンサートは、顧客が費用を負担して歌を聞きに来るものです。そのため、顧客が聞きたい曲を歌うことになります。もちろん、プロとして構成や曲順についてこだわりをもって選ぶことはありますが、それもあくまで顧客目線に立っての選択を前提とします。自己紹介では、多くの人が自身の伝えたいことを話します。いわばカラオケ状態です。自己紹介を聞いているほうは、聞きたいことが聞けなければ、自ら質問をして追加の情報を仕入れる必要があります。というより、自己紹介の内容から、自分には関係のない人、メリットとなる人ではないと判断すれば、質問すらせずに興味を示さなくなることのほうが多いです。

　自己紹介はコンサートと同じく、相手の聞きたい情報を提供する

必要があります。そのためには、相手が知りたいと思う情報（どんな背景を持った人なのか、どんなことを目指しているのか、どんな能力を持っているのか）について、相手に抱いてほしい印象から逆算して設定することが重要です。

　以下は、自己紹介において必要な3つの要素です。3分程度でまとめて話ができるように、文字で作成してスムーズに話せるようになってください。短時間のケースも想定して、1分程度にしたバージョンも作成しておきましょう。

①　能力、専門性

　自身の簡単な職歴の話をします。その際、さりげなく実績等を混ぜると印象値が高まります。職歴や実績を相手が良い印象を持つように逆算して、良いところだけをピックアップするのがポイントです。相手は話し方や話す内容から、コミュニケーション能力、地頭、ポテンシャル、適応能力、技術・技能等について判断をします。

②　社会性、価値観

　どのようなことを目指して、どんなことにこだわって仕事をしているかを伝えます。いわゆる「器の大きさ」を感じてもらう部分です。ここでのポイントは、範囲、時間軸、コミットです。

　範囲というのは、自分、自社、市区町村、都道府県、日本、アジア、世界と広がる範囲のことを指します。時間軸というのは、今日、明日、1週間後、1か月後、1年後、10年後、30年後、50年後、100年後といった時間の範囲のことを指します。コミットというのは、やれればいいな、やろうと思っている、実際に行動している、成果を出していてさらに成果を出すべく行動しているといった、発

言に対しての実現度のことを指します。

　例えば起業の理由について自己紹介するとき、「自分自身がたくさん儲けて大きな家に住むために、最低でも1年間は頑張りたいです」と話すのでは、器の小ささを印象づけてしまいます。それを、「世の中に人事の新しいスタンダードを普及させて、自分たちの子どもの世代、孫の世代まで繁栄することを目指しています。自身の天命であると認識しているので、なんとしてもやり切ります」とすれば、ずっと良い印象を抱かせることができます。

　人間は社会的な生き物であり、自身が含まれた範囲、時間軸において良いことをしようとしている人には親近感が醸成されるようになっています。過去の経歴や経験から感じたこと、そこから今やっていること、目指していること、この3つを意識して自己紹介の内容を設定しましょう。相手はその内容から、責任感、共感、世界観等を感じ取ります。

　ただし、自身の実績や能力とかけ離れた設定をして、嘘くさくなってしまってはいけません。また、範囲は大きければよいということではなく、士業・コンサルティング業であれば、自社が商圏としている地域で設定するほうが堅実で好ましい印象を与えることができるでしょう。

③　人脈、影響力

　最後に、どんな会社（人）と連携をし、どんな会社（人）が応援してくれているのかを話します。

　どれだけ自社（自分）が凄いのか、これを自ら話すだけでは説得力に欠けます。そこで他社（他人）の言動によって、今までの自己紹介の強化を行います。この際、「誰？」と思われるような会社（人）

ではあまり意味がありません。できれば誰でも知っていそうな会社（人）を選択しましょう。金融機関のセミナーや連携は、わかりやすい例となるでしょう。

　注意点としては、相手に実態を確認されるケースを想定する必要があることです。自分が「仲が良い」として名前を挙げた他社（人）と、自己紹介をした相手も親しくしている場合があります。相手から確認されてしまい、実は交流会で1度名刺交換しただけ…などということがわかれば一気に信頼を失ってしまいます。

　人脈とは、知り合いであるというだけではなく、いつでも必要なときに連絡が取れて、一定のお願いができる間柄を指します。お願いのレベルも、相手にとって得なこと、状況次第では得になること、短期的には損となる可能性が高いことといったようにさまざまです。相手が知りたいのは、どういったレベルのお願いができる間柄なのかという点です。

　例えば、売上につながる顧客を紹介するという話であれば、会ってくれる人は多数います。しかし、「面白い人がいるから会ってみて」といったことで紹介できるとすれば、それは高いレベルでつながっているといえます。交換した名刺の数が多いから、交流会を開催しているから「人脈が広い」と主張している方もいます。しかし、その名刺の交換相手や交流会に参加している方々に、どの程度のお願いができるのかが重要なポイントです。

　現時点で、名前を挙げられるような人脈がない場合は、これを作ることにまずは注力してください。きっかけがなければ、ロータリークラブや青年会議所、BNI（Business Network International、世界最大級のリファラル組織）といった一定の人数が集まっているところに加入して、そのコミュニティのリーダー的存在に力になって

もらうのも一つの手です。紹介営業は提携営業のスタート地点です。第5章で詳解するリファラルやアレンジメントにつなげるためにも人脈の幹を作っておくとよいです。

（3）ラポールの形成

ラポールとは、フランス語で「橋を架ける」という意味で、相手と自分との間に橋が架かっている状態、すなわち、心が通じ合い、互いに信頼し、相手を受け入れている状態を指します。人として信頼されている状態は、ラポールが形成されているといえます。

ラポールを築くためのテクニックとして、NLP（神経言語プログラミング）では①ミラーリング、②バックトラック・フレームなどがあり、これらを用いることで、相手と早く信頼関係を築くことができます。相手との距離を早い段階で詰めることについて、懐に飛び込むのがうまい、溶け込むのが早いなどと生まれ持っての才能のように表現することがあります。しかしながら、これは技術です。修練を積めばうまくなります。順番に解説していきます。

①　ミラーリング

ミラーリングとは、鏡に映しているかのように相手のしぐさや姿勢などを真似ることで、親近感を抱かせるテクニックです。なぜ真似るかというと、人間は自分と似た境遇の存在に親近感を持つ生き物だからです。例えば出身校や出身地が同じだとわかると、その話をきっかけに相手に親近感を覚えます。出身校や出身地ほどではありませんが、血液型や星座といった、分類数が少なく高確率で同じになるものでも効果があるといいます。同様に、人間は同じ動きを

する人にも親近感を覚えます。

　知ってはいても、これを実践している人は少ないでしょう。実際、相手の動きを逐次そのまま真似をするのは非常に不自然ですし、もし相手がミラーリングのことを知っていれば、「ミラーリングされているな」とわかるので、むしろ不愉快に感じる可能性すらあります。

　これを避けるためには、適度に実施する必要があります。ミラーリングの最大のコツは、「3分の1程度を真似るのがベスト」であるということです。このバランスの通りにうまく実行できれば、相手はあなたを自分と似た存在であると認識し、無意識的に警戒心を解き、好意や安心感を持ってもらうことができます。

　実は、私たちは自然にこのような行動をとっており、気の合う友人やカップルは、同じような姿勢やしぐさで会話していることがよくあります。このような状態を意識的に作り出すために、ミラーリングを用います。練習すればするほどうまくなりますので、1日の面談のうち1回以上はミラーリングを意識して実施してください。最も効果的なのは、練習相手を見つけて相互に実施し、フィードバックをすることです。

　ミラーリングを上達させるための方法は、インターネットで検索すれば、文字情報や動画が無料で得られます。また書籍もたくさん出ていますので、そこで得た知識をもとに実践し、改善を重ねることで上達を図るとよいでしょう。

②　バックトラック・フレーム

　ミラーリングは身体を使って相手との信頼関係を醸成しますが、バックトラック・フレームは、言葉を使って信頼関係を醸成します。これを実践することは非常に重要なことで、親近感を醸成する際の

積極的傾聴（アクティブリスニング）にもつながります。

　例えば、ある社長から「最近求人をかけてもまったく人が来なくて困っている。この前は求人媒体に30万円も払って1か月間掲載していたのに応募が1件だけで、その1件も実際には面接に来なかった。少子高齢化で人が少なくなっているのはわかるけれど、どうしてうちにこんなに人が来ないのか」という話をされたとします。

　バックトラック・フレームにおいては、

```
①　基本は相づち
②　3〜4回に1回程度は言葉を取って会話に混ぜる
③　ひと通りの話が終わったら要約する
```

を実行します。

　上記に沿って、こちらからの投げかけを【　】で入れてみます。

```
● 会話例 ●
「最近求人をかけてもまったく人が来なくて困っている。」
【そうなんですね】
「この前は求人媒体に30万円も払って1か月間掲載していたのに」
【はい】
「応募が1件だけで、その1件も実際には面接に来なかった。」
【来なかったんですか】
「…どうしてうちにこんなに人が来ないのか」
【せっかく募集したのに、結果として採用につながらなかったんですね】
```

　やってしまいがちなのは、「1件も実際には面接に来なかった」という部分で、「どんな媒体を使っているのですか」や「自社求人媒体って知っていますか」のように、こちらから質問したり、投げかけをしてしまったりすることです。これをしてしまうと、相手の「どうしてうちにはこんなに人が来ないのか」という嘆きまで話したいという気持ちを遮ってしまうことになります。親しくなってからなら問題ないのですが、そうでもないうちにこれをしてしまうと、信頼関係の醸成からは遠くなってしまいます。

　ミラーリングを実施しながらバックトラック・フレームを実践すれば、相手はあなたを「自分の話を積極的に聞いてくれて理解してくれている人」だと感じます。自分の商品・サービスを売り込むことしか考えておらず、ことあるごとに自分の話をしてくる人とは大きな差になります。このテクニックは後々リファラルによって他社を紹介する際に必須となるので、紹介営業を実践する段階で身につけるようにしましょう。

２　プロとして信頼を得るための　コンサルティング営業

（1）コンサルティング営業とは

　コンサルティング営業という言葉が流行っています。いろいろな定義がありますが、筆者は「顧客の潜在的なニーズを定義し、課題解決の提案を通じて自社の商品・サービスを提供すること」と定義

しています。

　具体的にどのようなことを指すのか、先程の例を使って考えてみ
ましょう。

●━ 相談内容 ━●

　求人媒体に30万円払って1か月間掲載したが、応募が1件
だけで、その1件も実際には面接に来なかった

　この相談を受けた時点で顕在化しているニーズは、「応募がたく
さん来る効果的な求人方法」です。そこで、今と異なる求人方法を
紹介する、というのは早計です。その理由は、求人方法を変えたと
ころで応募が来るとは限らないからです。例えば給与額や休日数等
の条件が悪いから応募が来ていないのだとすれば、求人方法を変え
たところで応募は来ない可能性が高いでしょう。

　ただ、条件が悪いとしても、「求人条件が悪いからですよね」と
はなかなか言いづらいものです。自社の状況をスムーズに理解して
もらい、本当に解消しなければならない課題に気づいてもらう必要
があります。言うのは簡単で実施するのは難しい部類の事柄ではあ
りますが、実際にどのようにするのがよいかを以下に例示します。

● 回答例 ●

　せっかく募集したのに、採用につながらなかったのですね。ところで「採用力の公式」ってご存知ですか？

採用力＝ | 見せ方 媒体 | × | 条件 （適切な報酬と環境） | × | 受入れの幅

　このような公式なのですが、「採用力」を考える際には、媒体選定や媒体での「見せ方」のほかに、「条件」と「受入れの幅」があります。

　「条件」とは労働条件のことで、給与や賞与、休日の量といったものです。最近の傾向として、給与額はもちろんですが、休日がしっかりとれるかということが重視される傾向にあります。

　「受入れの幅」とは貴社の中で活躍できる人材層のことで、例えば高齢者や学生といった層を活用できないとすると、応募があっても断ることになりますし、育児中の時短社員が受け入れられないとなると、これもやはり断ることになります。

　今回の媒体では成果が出なかったようですし、それ以外の要素に問題がないかを検討されてはどうですか？

　このように説明すれば、なるほどじゃあ検討してみようかという流れになりやすいかと思います。

　さらに、この流れで実際の求人条件を見ていきます。

●提示の求人条件●

項　目		詳　細
必要な免許・資格		普通自動車免許（AT限定不可）
必要な経験等		不問
年齢		35歳以下
年齢制限の理由		長期勤続によるキャリア形成のため若年者等を対象
学歴		不問
勤務地・交通		○○○○○
マイカー通勤		可
転勤		あり
給与	a 基本給（月額平均）	180,000円〜205,000円
	b 固定残業手当	40,000円〜70,000円（27時間分）
a＋b		220,000円〜275,000円
賞与		あり 前年度実績 年2回・計2.00月分（平均）
通勤手当		支給なし
雇用形態		正社員
就業形態		フルタイム
休日		年間105日

これを受けて問題点を洗い出し、相手には以下のように伝えます。

● 回答例 ●

　なるほど…これで応募があまり来なかったのですね。

　正直申し上げて、応募が来ないのはそれほど不思議なことではないです。というのも、時間的に最低賃金に近い金額ですし、固定残業がついていますが、この時間分の残業はさせられると感じると思います。

　加えて休日数が105日だと、8時間労働で定められた最低

の日数になっています。土日祝、夏期、年末年始休みで120日以上になるので、このあたりを改善しないと同業他社に流れてしまう可能性が高いです。

　また年齢制限が35歳以下というのも、受入れ範囲が狭くなっているので外せるなら外したほうがいいです。

　信頼関係を築けていれば、批判されたとは思わずにアドバイスとして受け取ってもらえます。

　このように、顧客の潜在的な課題（このケースでいえば「募集してもなぜか人が来ない」）を「労働条件の見直しが必要」という顕在的な課題に置き換えるプロセスをコンサルティング営業と呼んでいます。

（2）コンサルティング営業の実践方法

　コンサルティング営業の実践方法としては、「顧客とロジックツリーを作り、取組み事項について合意する」ことに尽きます。ロジックツリーとは、問題をツリー状に分解し、その原因や解決策を論理的に探すためのフレームワークです。問題を解決する際に、思いついたことをいきなり実行するのではなく、冷静に分析することでより良い選択をすることができ、成果が出やすくなります。作成すると、モレやダブリを未然に防げる、原因や解決策を分析可能・実行可能なレベルまで具体化できる、各原因や行動の因果関係を把握できる、といったメリットがあります。

　事業経営においての選択肢は多様です。経営層の人間は、自社の

経営をより活性化するための選択肢を探し、吟味し、決定しています。自身が提案する商品・サービスの特徴を伝えるだけでは、単に選択肢の一つに並べるにとどまるため、相手はそれを吟味し、決定する必要があります。これを相手任せにするのか、あるいは一緒に考えるのか。これが大きな違いを生むのです。

　筆者は「顧客とロジックツリーを作り、取組み事項について合意する」ことを「相互自責の関係になる」と呼んでいます。

　コンサルティングは基本的に、すぐにはうまくいかない（完全には機能しない）前提で納品する必要があります。たとえ商品・サービスを販売するコンサルティング営業であっても、販売した商品・サービスが想定した成果を生み出さなければ、期待を外してしまうことになります。もちろんプロとして最短、最速、最低コストにより成果を生み出すべく関わるのですが、うまくいくための変数は無数にあり、スムーズにいかないことのほうが多いです。コンサルティング営業に踏み出しにくいと感じたり、コンサルティング営業を実施してもクレームになってしまうことの背景には、コンサルティングにおいて「スムーズな成功」を前提としていることがあります。

　コーチングとティーチングをうまく組み合わせながら課題設計を行い、実行支援＆改善を図るのがコンサルティングです。必ずしもうまくいかなかったとしても、PDCAサイクルを回していること、それ自体に価値があります。目標を決めて実行した際に、すぐには成果が出ない可能性が高いため、次のPDCAサイクルを回す際には相互の課題を改善する必要があり、さらにいえばPDCAサイクルをともに回せばOKという立ち位置をとることが重要となります。

　とはいえ、ビジネスである以上、コストにも時間にも制限があります。少ない試行錯誤で高い成果を出すことができることが最も望

ましいといえます。コンサルティングは「試行錯誤をショートカットする」から価値があります。したがって、一定成果を出すためのPDCAサイクルを速く正確に回す必要があります。

　企業によっては、決裁者の会食に付き合ったり、愚痴を聞いたりしているうちに、取組みの成果が曖昧なまま契約が継続することがあります。しかし、本質的な価値提供はできていないことから、これを良しとしてはいけません。

　顧客とまるで同じ会社のメンバーであるかのように関わり、自分事として考えて改善を提案するケースがあると思います。その会社の実施事項がうまくいかないからといって即クレームになるかというと、そうではないというのは読者の皆さんにも感覚としてわかるはずです。

　注意点として、世の中にはどうやっても「相互自責の関係になる」ことができない顧客候補がいます。そういった会社（人）は、コンサルティング営業で顧客にすることはお勧めできません。なぜなら、良い関係を築くことができませんし、うまくいかなければこちらの責任とされるからです。クレームになる、手間がかかるといった観点においても問題ですが、自責思考が薄いためいつまでも問題行動が解消されず、物事がうまくいかないことが多いという問題があります。

（3）ロジックツリーを作成する方法

　ロジックツリーは、慣れていれば口頭でも作成できますが、認識のずれが起こりやすくなります。ですから、ホワイトボードや付箋を利用して整理しながら作成する方法をお勧めします。

　基本的にはコーチングスタンスで、相手から選択肢や課題を引き出してロジックツリーを作成していきます。相手の中に選択肢がない場合、こちらから選択肢を提供（ティーチング）しましょう。

　ロジックツリーを作成する際の重要な概念として、「チャンク」があります。チャンクには、チャンクアップ、チャンクダウン、チャンクラテラリの3種類があります。

①チャンクアップ

　チャンクアップとは、より大きな「かたまり」を作ることです。顧客が目標の意味合いを見失っているとき、より大きな「かたまり」を作ることで、それを確認します。顧客に、より抽象的に考えさせることによって、目標の意味合いを明確にするのです。

　具体的には、「その目標を達成することは、あなたにとってどのように役に立つのですか？」「その目標を達成することは、あなたのビジョンの実現につながりますか？」といった、抽象度を上げる質問になります。

②チャンクダウン

　チャンクダウンとは、「かたまり」をほぐすことです。

　話が漠然としているときに、その内容を明確にするため、「かたまり」をほぐし、詳細を確認します。クライアントに対して、5W3H（いつ、どこで、誰が、なぜ、何を、どのように、どのくらい、いくら）にて質問を行い、クライアントの気づきを促します。具体的な話の内容を引き出すことを考え、顧客に気づきを促すような質問を行うことを考慮し、質問の仕方を工夫して行います。

◆図表３－８　ロジックツリー

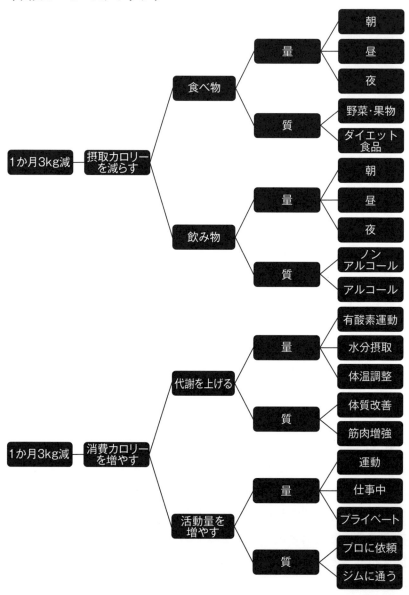

③チャンクラテラリ

　チャンクラテラリとは、他の「かたまり」を確認することです。

　チャンクアップした際に、今設定している目標や手段以外に選択肢がないかを問う際に利用します。

　例えば「ダイエットをする」という目標を掲げて、1か月で3kgごとの減量を図るために、夜の食事を減らすという目標を掲げているとします。

　チャンクダウンとは、夜の食事をどのように、いつまでに減らすというように具体化していくことです。チャンクアップは、どうして深夜の食事を減らそうとしているのか、それによってどんなものを得ようとしているのかと抽象度を上位階層に上げることです。チャンクラテラリは、抽象度が上がっている状況で、ほかの選択肢について検討するということです。

　具体的には次のような会話をして進めていきます。

● **回答例** ●

（コーチ）「1か月で3kgの減量を図るために、夜の食事を減らすのですね。良いことだと思います。夜の食事を減らすというのは、どういう目的で実施するのですか？」 **チャンクアップ**

（相談者）「カロリー摂取を減らすことを目的としています。」

（コーチ）「なるほど、カロリー摂取を減らすことを目的としているのですね。カロリー摂取を減らす以外で、何か方法はありますか？」 **チャンクラテラリ**

（相談者）「カロリー摂取を減らす以外だと、消費カロリーを増

やすというものがあります。」

（コーチ）「なるほど。消費カロリーを増やすのに、具体的にどんな方法がありますか？」 チャンクダウン

　目標設定に対しての顧客の視野を広げ、ほかの可能性も検討してもらい、その中で可能性が高いものを具体化し、実践します。

　そして、その選択肢の中の最も有効な手段が自社の商品・サービスであることから、これを購入してもらえる、というのがコンサルティング営業の本質です。これは、次章で紹介する提携営業に取り組む際に、自社では提供できない選択肢について他社を紹介することにもつながります。

　まずは本章で解説した通り、セールスの基本として「人として信頼される」「プロとして信頼される」ことを目指しましょう。

第4章

セミナー講師に呼ばれ
売上につなげる方法

士業に必須の「伝える力」

1 これからの士業に必要なスキル

　これからの士業に必要なスキルとして、「伝える力」があります。例えば行政書士は、この10年で登録者数が約４万人から約５万人へ、税理士は20年で約６万5,000人から約８万人へと１万5,000人も増えています。それだけ競合が増え続けているなか、待っていれば仕事が来るという時代はとっくに終わっています。

　士業は「サムライ業」などと呼ばれることもありますが、実際のところ、それぞれの士業に何ができるのか、違いが何なのか、一般の方で明確にわかる人はほとんどいないでしょう。10年以上の付き合いになる顧客から「そんなこともできるの？」と驚かれたり、「○○ができる人を紹介して」と言われ、それが自社で提供しているサービスだったということも珍しくありません。

　つまり、我々士業の仕事は、資格自体の認知度はあっても、具体的にどんなことができるのかあまり知られていないのです。自分の業界については、つい知っていて当たり前と考えてしまいがちですが、顧客はそうではありません。何ができるか知られなければ、どんなに優れたサービスや知識も必要な人に届けることができませんし、いかに実務力を磨いても活用してもらうことができません。

　顧客に自分を選んでもらうために、自分や自分が提供するサービ

スをまずは知ってもらうこと、情報を発信していくことがとても大事です。ただし、自己満足的かつ一方的に、自分が言いたいことを言うだけでは相手には伝わりません。相手が必要とする情報を、わかりやすく伝える力が必要なのです。ブログやホームページを見ても、セミナーに参加しても、とかく士業は自分が言いたいことを難しく伝えていることが非常に多いと感じます。

　難しいことをわかりやすく伝えることができ、実際に相手に理解してもらってはじめて、顧客の不安や不満といった「不」は解消されるわけであり、依頼につなげることができるわけです。自分だけではなく、相手あっての「伝える」だという視点は、士業経営のすべてに共通することだといえます。

２　「何を」「誰が」伝えるか

　自分が持っている知識や経験、事例などをただ発信するだけでは「伝えている」とはいえません。それによって相手の問題が解決したり、理解してもらった結果、依頼につながるなど、双方向感が出てはじめて「伝わった」といえるのです。

　このとき大事なのが、「何を」伝えるか、そして「誰が」伝えるかということです。これはセミナーでもSNS等でも変わりません。どんな内容を話せるのか、そしてどんな人が話すのか、ここを意識することで、自身の「伝える力」を売上につなげやすくできます。

　SNS等については第6章で解説しますので、以下、セミナー講師となって、いかに伝え、売上につなげていくかについて説明していきます。

セミナーで売上を上げる

1 セミナーをその後の売上につなげる

　セミナーを自主開催し、それを売上につなげる方法としては、参加費、そして本命商品としてミドルエンド、バックエンドの商品への誘導が考えられます。例えば筆者の場合、協会ビジネスについてのセミナーでこれを実行しています。ミドルエンドの商品として一般社団法人設立のサポート、そしてバックエンドとして協会ビジネスのコンサルティングへとつなげています。参加費は極力下げているので、ここでの収益というよりは、いかにその後の商品を買ってもらうかについて戦略的に設計しています。

　そもそもホームページなどでサービスの案内をしても、すぐに利用してくれるとは限りません。特にイメージがしにくいもの、ここでいう協会ビジネスのコンサルティングなどは売りにくいものです。なぜなら、どんな内容なのか、自分にどんなメリットがあるのかがイメージしにくいからです。だからこそセミナーで内容を説明し、イメージを明確にしてもらうことでサービスの購入につなげやすくするのです。

② 外部から講師に呼ばれることの効果

　自主開催も良いのですが、より売上アップに効果的なのは、他社からセミナー講師として呼んでもらうことです。というのも、そもそも自分で集客できる数には限りがあります。自分がリーチできるということは、すでにつながりがある方であることが多いですし、自分に強烈な発信力、集客力がない限りは新規の方に参加してもらうのは難しいでしょう。

　また、自分で何かの分野の専門家といって告知しても、よほどの有名人か、出版やメディアでの実績がない限り、説得力があまりありません。自分で自分を「専門家です！」と言うよりも、第三者から「○○分野の専門家をお呼びしました」と紹介されるほうが専門家としての信頼が高まります。Amazonの書評や食べログなどの口コミが重視されるのと同じ理論です。

　つまり、セミナー講師に呼んでもらうことで、主催者に専門家としての評価を裏付けてもらうことができ、自分の専門性への信頼を高めることができます。そのうえ、自分の持つつながり以外の方にセミナーへ参加してもらうことができ、見込み客の数を増やすことができるのです。

　この場合、コラボセミナーも非常に有効です。各講師それぞれのつながりを集約させることができるため参加者を増やしやすく、また各講師とその顧客、あるいは講師間の信頼関係が相乗効果を生むことから、それぞれの仕事につなげやすいという特徴があるからです。

　行政書士である筆者（石下）の協会ビジネスのセミナーでいえば、

商標の専門家である弁理士に協会ビジネスで注意すべき点を説明してもらうものや、会員ビジネスと非収益事業の税務について税理士に説明してもらうものを開催しています。

また資金調達分野においては、社労士とともに融資や補助金のセミナーを開催しています。これらはBtoBビジネスをしている方々と非常に相性がよく、大手の保険会社でも数社、営業担当者向けのセミナーを毎年実施しています。いきなり保険を提案するのではなく、まずは顧客に価値ある情報を提供できるようになるという点で、保険会社の営業担当者にメリットを感じてもらえますし、我々にとっても自分たちの営業力を強力に補完してもらえるというメリットがあります。

資金調達については、融資、補助金、助成金以外にも、この数年ニーズが高まっているクラウドファウンディングや、クラウド上でのファクタリングサービスについてもコラボセミナーを開催しています。特に後者については、OLTA株式会社が有するAIを活用した審査ノウハウと株式会社新生銀行の資金力を組み合わせたオンライン完結型のクラウドファクタリングを提供している「anew」と、専門の士業による日本唯一の補助金・助成金の検索＆マッチングサイトの「みんなの助成金」（代表・石下）が提携ということでプレスリリースも出しました。銀行との連携ということで自分の専門性への信頼を高めることができたとともに、自社のブランディングにも大きな影響を与えることができました（https://www.minnano-joseikin.com/）。

◆図表4－1　コラボセミナーでの提携実績

　また、コラボセミナーで売上を上げるためにも、補助金業務は非常に有効です。弊所では、IT導入補助金についてベルフェイス株式会社とのコラボセミナーを実施しました。自社のブランディングにつながっただけではなく、実際に数多くの補助金申請業務を受任することになり、多くの売上につなげることができました。

　自社だけでセミナーをやっても、そこまで多くの受任にはつながらなかったでしょう。ですが、提携でセミナーを開催することで、自社だけでなく相手の営業力を活かして案件の受任につなげていくことが可能になります。同じ属性の顧客に対し、違う商品を持っている会社との提携セミナーは非常に効果的なのです。

4-3 セミナー実績を 積むための方法

1 セミナーへの苦手意識の克服

　セミナーは営業手法として非常に有効です。セミナーが上手くなるためにも、セミナーから本業の仕事を受任するためにも、実績を積み重ねることが最も大切です。

　筆者は、今でこそ年間50回はセミナーを主催したり、講師を務めていますが、もともと人前で話すのが得意ではありませんでした。緊張のあまり早口になりすぎて時間を大幅に余らせてしまったり、謝罪会見のように下を向いて話してしまったりといった苦い経験もたくさんあります。

　人前が苦手、話すのが好きじゃない、得意でないという方に向けてお伝えしたい、セミナーの実績を積むためにお勧めの方法、苦手な自分が自分なりに考えた結果やってきたことが以下になります。

①　セミナーを共催して、講師はほかの人に頼み、最初か締めの挨拶だけをする
②　無料の少人数セミナーもしくは仲間内の勉強会において人前で話す
③　だんだん単価を上げたり、話す時間を増やしていく

　セミナーは間違いなく経験です。苦手な人でもやり続ければ必ず上手になりますし、人前が苦手でも慣れてきます。大切なのは、毎回自分を少しずつでもアップデートしていくことです。セミナーが終わったら、できる限り早く改善点をあぶり出す。そして次回にそれを実行していく。この積み重ねで、必ず話すことへの苦手意識はなくなっていきますし、実際に話すのも上手になっていきます。

　また、アウトプットを意識することでインプットの質も上がっていきますから、話す内容も自ずとアップデートでき、サービスの質を上げることにもつながります。

２　告知方法

　実績を積むために、共催や主催の勉強会やセミナーをどんどん開催していきましょう。このとき有効なのが、Facebookのイベント機能やブログです。

　筆者の場合は、ブログでセミナーの告知をして、それをSNSで拡散したり、それらと並行してFacebookのイベントを立ち上げてセミナーの集客をしてきました。Facebookのイベント機能は知らせる人を選ぶこともできますので、案内したくない人を除外して案内を送ることも可能です。

　ただ、Facebookの場合は基本的には既存のつながりの人にしか案内できないので、より広く募集したい場合には、ブログとTwitterの組み合わせのほうが効果的といえます。もしくはFacebook広告をうまく活用することで、セミナーへの誘導につなげることも可能です。筆者がベルフェイスとセミナーを開催したときは、全体の参

加者の２割ほどがFacebook広告による集客でした。Facebook広告は細かいターゲティング設定ができるので、対象と内容によっては効果が期待できます。

3　外部で講師を務める際の留意点

　前述の通り、セミナー講師としての実績を積むためには、外部から声をかけてもらえるようになることも、とても大事です。ブランディングにもなりますし、専門家としての信頼感にもつながります。

　このとき意識しておきたいのは、セミナー講師で儲けようとしすぎないことです。筆者は毎年、会計事務所向けに補助金についてのセミナーを数回行っていますが、目的は会計事務所の顧客を紹介してもらうこと、会計事務所と提携をさせてもらうことなので、セミナー講師料をもらわないこともあります。損して得取れではないですが、将来的に大きな利益になって返ってくると考えれば、セミナーというのは非常に有効な営業手段なのです。

4　実績をまとめる

　セミナーを開催したら、その開催レポートをブログにして、溜まってきたら過去のセミナー一覧としてまとめておきます。そうすることで、セミナー講師を探している方に「話せる人」として認知されやすくなります。自分で主催する際にも、過去の開催の模様を打ち出すことで、申込みが入りやすくなるというメリットもあります。

例えば、動画を撮ってダイジェストのように見えるようにするとか、アンケートをとって、次に同じようなセミナーを開催する際に、前回参加者の声として紹介するのもよいでしょう。

　セミナーを開催するにしても、講師に呼んでもらうにしても、戦略的に行うことで、よりいっそう良い結果につなげることができるのです。

4-4 セミナーは準備が9割

　セミナーをただ開催するだけなら誰でもできます。ですが、セミナーを仕事につなげるには工夫が必要です。セミナーに参加した方が仕事を依頼したいと思うような講演内容にしなければなりません。そのために、話し方も工夫し、問合せをしてもらえるような導線を引く必要があります。そうでなければ、ただ話しただけ、聞いてもらっただけになってしまいます。

　筆者は、次のようなことを意識して行っています。

1　時間を計り、早く終わらないようにする

　セミナーをする際に一番避けなければいけないのが、早く終わってしまうことです。長くなるのも問題ですが、その場合には途中を省略したり休憩時間を調整することで挽回できます。しかし、短くなってしまうと、内容が薄いという印象を与えかねません。また、外部から講師を依頼されたときに時間が残りすぎてしまうのは、主催者に「依頼通りの仕事をしてもらえなかった」という思いを抱かせ、印象が悪くなってしまいます。

　だからこそ、（特にセミナーに慣れないうちは）練習が大事です。実際に時間を計りながら、使用する資料（PowerPointなど）に時

間を書き込み、しっかりと時間管理をしながら進めるようにしましょう。

人は緊張すると早口になりがちです。そうなると相手の理解が追いつかなくなり、結果として仕事につながりにくくなってしまいます。

2 資料を作り込む

セミナーは準備が9割です。資料をしっかり作り込んでおくことが大切です。あまり準備しなくても話すのは得意だという方もいるかもしれませんが、セミナー参加者にとっても豊富な資料が手元にあれば満足度が高くなりますし、専門家としてセミナーをする以上はしっかり作り込んだ資料を使ったほうがよいでしょう。

といっても、高いデザイン性を追求するということではなく、図表を多く使ったり、写真やイラストを入れたりして、見やすさ、わかりやすさを意識して準備することが大切です。文章がびっしり、というのは読みにくいため、お勧めできません。

また、色を使いすぎると見にくくなってしまいますので、3色くらいに抑えるとよいでしょう。筆者が資料を作る際は、メインを黒ではなく濃い灰色にし、強調色として赤、アクセントとして青を使っています。

ほかにも、資料を作る際にWordを使用している方もいますが、見やすいとはいえません。PowerPointがベターでしょう。

3　オンラインセミナーに対応する

　これからはリアルセミナーだけでなく、オンラインセミナーが主流になっていくでしょう。ZOOMなどのオンラインセミナー向けツールが出ていますが、こうしたツールを使いこなせないと、セミナー講師としては非常に厳しい状況になってしまいます。特にワーク系を取り入れる場合には、進め方に工夫が必要ですし、参加者の反応が見えにくいため、話す側はやりにくさもあるでしょう。しかし、これに対応できるか否かが、今後の自社の成長を左右するといえます。

　オンラインセミナー時代の準備ポイントとしては、資料にQRコードを載せておいて、事前事後にSNSなどに誘導できるようにしておくことや、画面共有、資料共有機能やチャット機能、ホワイトボード機能などのほか、ブレイクアウトルーム機能などを活用できるようにすることです。また、録画機能もありますので、復習用に活用できるようにして参加者の満足度を高めたり、リアルタイムで参加できない人に対してのフォローができるようになります。

　筆者は、事前にZOOMの利用についての注意事項を連絡するほか、事後のサンキューメールに資料を添付したり、アンケートをとるようにしています。リアルセミナーと比べてアンケートをもらうのが難しいため、特典を用意し、答えてくれた方に渡すのもお勧めです。

セミナーの集客方法

　セミナーを開催するには、人を集める必要があります。共催や講師として呼んでもらう場合以外は、自分で申込みの受付から集客までやらなければなりません。既存の顧客向けに開催するのであれば、メールなどで案内します。一般に広く集めたい場合は、ブログなどに告知記事を書いて、それをSNSなどで拡散するか、SNS上の広告を使うのが一般的です。

　告知記事を書くときのポイントとして、下記の順に書くことを意識しています。

---

① セミナーに来てほしい人
② セミナーを開催する理由
③ セミナーに参加したら得られる効果
④ セミナーの詳細
⑤ 申込みフォーム

　また、そのセミナーが初回でなければ、過去の事例や参加者の声を載せることで、集客が非常にしやすくなります。どんな所で、どんなふうに開催し、どんな方が参加しているのかなどが写真や動画で見えると、参加までの心理的障壁をなくしやすいです。

　そして、Amazonのレビューや食べログなどの口コミのように、

自分の言葉でなく、他人の言葉がもたらす安心感や信頼感を活用すべきです。そのため、セミナーを開催する際は、「お客様の声」をどのようにして得るかについて戦略的に設計する必要があります。例えば「お客様の声」をくれた方に特典をつけたり、アンケートに答えてくれた方に復習用の録画を送るなどします。

　とはいえ、最初は特に人を集めるのは大変です。そういうときは、FacebookやTwitterなどで拡散をしてもらえるよう、ほかの方の力を借りるのも手です。これらのツールは共有機能がありますので、ただブログやホームページに告知記事を書くより拡散してもらいやすくなります。

　特に、実名登録制のSNSであるFacebookは、年齢、性別、地域などを登録することができ、「いいね」を押した記事やシェアをした記事、その人がチェックインした場所まで情報として持っていることから、的確なターゲティングが可能になります。ですから、イベントやセミナーの広告を出すのに非常に効果的です。ただし、その場合はしっかりと効果測定をして、広告を最適化していくことを忘れないようにしてください。

セミナーは
終わった後が大事

　セミナーは開催して終わりではありません。高単価の講座を開催するなら、それ自体でもある程度は稼げるかもしれませんが、多くの場合、セミナー開催の目的はスポット業務や顧問契約の受注となるでしょう。つまり、「いかにして本来的業務につなげていくか」をしっかり設計することが重要です。

　リアルセミナーであれば、セミナー終了後に個別の相談にもっていくとか、後日の面談の設定につなげるとか、セミナー参加者特典として割引をつけて依頼につなげるなどがしやすかったのですが、今後オンラインセミナーが一般的になると、別の工夫が必要になります。

　例えば、サンキューメールを出していない方も多いと思われますが、その後のバックエンドにつなげるためにも、参加者の方にはサンキューメールを送りつつ、本来業務の案内や必要書類などの資料、かかる費用などをお知らせしましょう。また、オンラインセミナーは参加者の反応がわかりにくいからこそ、これを獲得するための工夫が必要です。例えば、Googleフォームを使えばリアルタイムでアンケートをとることができますし、自動で集計もできるようになります。

　質疑応答もオンラインセミナーではしにくいものですが、開催から数日間、質問への対応期間を設けることも有効です。

　セミナーから仕事につながらないという方の多くは、セミナーを「開催して終わり」にしてしまい、終わった後のフォローができていません。つまり、クロージングまでの導線が曖昧になっています。これをしっかりとフォローすることで、個別のアポイントやオンライン商談につなげ、成約へと結びつけていきましょう。

第5章

狙って紹介をもらう方法

5-1

紹介営業を実践する

1 紹介営業とは

　既存の顧客や関係者の方々に「（顧客や連携先等を）紹介してほしい」と伝えて紹介をもらう手法を、本書では「紹介営業」と定義しています。

　紹介営業を実施するメリットとデメリットには、以下のようなことがあります。

○メリット
　① 紹介してくれる人と紹介される人の信頼感が大きければ、その信頼に乗っかることができる
　② FAXDMやWEB広告にかかるような見込み客をつくるコスト（時間）が不要
　③ 比較的に価格訴求の話になりづらく、値引きの話にならない

○デメリット
　① 紹介してくれる人と紹介される人の信頼感が小さければ、かえって信頼がない状態から営業がスタートしてしまう

> ②　自社にとって好ましくない顧客を紹介されることがある
> ③　期待値が高く、同業他社よりも高い価値を求められることがある

　メリットの裏返しがデメリットになるのですが、自社の力が弱いうちはその紹介者の方からの顧客をグロスで判断、つまり良い案件もあれば悪い案件もあるとして飲み込まざるを得ないのが現実ではあります。

　創業期から軌道に乗るまでは、「同業他社が受けないような案件でも受ける」ということをある程度自社のウリにするのは適正なプロセスといえると思います。紹介営業をやり始めた段階では顧客を選り好みせずに受け入れるようにして、自社の商品・サービスの品質、実績が向上するにしたがって、理想の顧客とはどんな会社（人）で、どんな会社（人）は望ましくないといったことを指定しながら紹介してもらうようにしましょう。

　自分から紹介を頼む手法である紹介営業では、どうしてもデメリットの要素が大きくなります。このデメリットを解消するために、セールス以外の手法を用いて見込み客をつくる手法（131ページ参照）をお勧めしますが、ここでは紹介営業のコツについて解説します。

② 紹介営業のコツ

（1）紹介の法則

　まず、紹介に関する重要な法則として、「紹介は自分からお願い

すると下に行き、相手からお願いされると上に行く」というものがあります。

　例えば自身が入っている生命保険の営業担当者から「お客様を紹介してほしい」と言われたら、誰を紹介しますか？　このときポイントとなるのは、その営業担当者が、紹介したら相手に感謝されるような素晴らしい人なのか、あるいは普通の人なのかという点です。

　まず、普通の人である場合を考えてみましょう。こういった流れで人を紹介する場合、その紹介相手が保険の営業をされることはわかりきっています。生命保険に入ろうと思っていて検討している、という話でもあれば別として、紹介者は自分から見て同列か下の人に紹介することになります。間違ってもお世話になっている人や上司に対しては紹介しません。理由は簡単で、紹介して失礼になる可能性があるからです。

　つまり、自身が普通の人（普通の商品・サービスしか提供できない、人間としての魅力が薄い）である場合には、紹介をもらって、その顧客からさらに紹介をもらってと重ねるうちに、顧客の質は下がっていくことになります。

　次に、紹介されて感謝されるような人物であればどうでしょうか。この場合は、お世話になっている人や上司に対しても紹介できる、つまりその紹介者から見て上に紹介してもらえることになります。そういったことになる人は少数で、かつ自分から紹介をお願いしなくても「ぜひ紹介したい」と言われます。当然、顧客の質は上がっていきます。

　この紹介を受ける流れにおいて、下に向かう流れをとるか、上に向かう流れをとるかは勝負を大きく分けます。

　提携営業の全体像を理解し、実行することができれば、上の流れ

に自然に乗っていくことになるのですが、セールス部分での紹介営業のみを実施する場合には、自社の商品・サービスを魅力的にする、自身の魅力を高めるといった努力を怠らないようにしましょう。

（2）自社の商品・サービスを魅力的にするには

では、自社の商品・サービスを魅力的にするためにはどうすればよいのでしょうか？

この質問をよく受けますが、筆者はいつも「それは簡単です。値段を上げても売れる、売れた後に満足してもらえるようにしましょう」と答えています。

ここで理解しておくべき価格と顧客満足の関係は、以下のようになります。

○商品・サービスを買うときの判断基準

事前期待価格　＞　実際の価格　→　喜んで購入

事前期待価格　＝　実際の価格　→　購入

事前期待価格　＜　実際の価格　→　購入しない

○商品・サービスを買った後の判断基準

事前期待　＜　事後評価　→　満足

事前期待　＝　事後評価　→　当然

事前期待　＞　事後評価　→　失望

つまり、魅力を上げるというのは、

---

① 価格を上げても喜んで購入してもらえる
② 価格を上げても事後評価において満足してもらえる

ことを指します。魅力を上げると顧客を選ぶことができるようになり、利益率も上がり、経営効率が高まっていきます。

3 次のステージに向かうために

　士業・コンサルティング業においては、報酬が安い顧客ほど手がかかる傾向にあります。自社の顧問料や報酬を安く設定していれば顧客はたくさん確保できますが、収益性という観点においては高くないことも珍しくありません。

　飲食店でいえば、低価格、高回転率で営業している間は顧客の質はあまり選ぶことができず、一定量、質があまり良くない顧客も混ざってしまいます。そこで食材や接客を見直して、中価格、中回転率、さらに高価格、低回転率としてしまえば、自然と顧客の質が高まります。

　顧客の質が高まることから、こちらを見る目も当然厳しくなりますが、それに耐え得る自社改善を行えば、結果として次のステージに向かうことができます。

　より高付加価値、高価格に向かうことは、事業ドメインを変更することにつながるため、経営者としての強い意志が必要です。なぜなら「競合と同じものを安く提供する」というのは、経営戦略とし

て比較的簡単なものだからです。高くても満足してもらうということには、努力が必要となります。

　戦略ですから、どれが良いとか悪いということではなく、自社がどうありたいのかという方向性ありきで選択するべきでしょう。しかし、情報があふれ、場所や時間の制約がIT技術によってなくなり、継続反復するものやデータベースを右から左に移す作業はAIに取って代わられるこの時代において、士業・コンサルティング業に属するのであれば、これが生き残り戦略であるといっても過言ではないと考えています。

大手企業・有名企業と提携する

　士業という職業には、通常では連携できないような大手企業や有名企業と提携できるチャンスがあります。その理由は、国家資格保有者であることへの安心感があること、顧客データベースを持っていてアプローチができること、法律に関わることについて一般の企業が話をするよりも説得力があること等、多くを挙げることができます。

　もちろん、ただじっと待っているだけで相手から提携依頼が来ることはありません。一定の法則に従って活動することで、提携関係を構築することができます。

1　クオリティの高い研修資料を作る

　本書では、士業にとってセミナー講師としての実績がいかに重要かということを説明してきました。有力な提携先を得るという観点からも、資料のクオリティにはこだわるべきです。というのも、オンライン研修・セミナーや動画が普及したことにより、受講者側の研修資料に対しての目が肥えてきているからです。企業が提携先を検討する際には、相手が作成した資料等を判断材料とする場合があります。つまり、このクオリティ次第で判断が分かれてしまう可能

性があるのです。

　大手企業や有名企業と提携したいと考えるならば、文字の大きさや読みやすさを意識し、図解なども駆使したわかりやすい資料を作る必要があります。チャンスを掴むためには準備が必須です。今はオンラインで無料の研修・セミナーがたくさんあります。それらをたくさん受けて参考にしながら資料作成を進めましょう。

2　商工会議所や商工会等での講師を担う

　商工会議所や商工会といった、地域に根差した半公共的な組織が主催するセミナーで講師をするべく、各所に問い合わせます。講師としての実績があり、訴求力があればお金をもらって講師をすることになりますが、最初は逆にお金を払って講師を担い、会員に対してチラシを配布してもらったり、広報誌に掲載してもらったりします。そうすることで、研修講師としての実績を積むことができます。

　そのセミナーには、大手企業や有名企業が参加することがあります。その際に名刺交換をして、次回のアポイントの日を決めます。セミナー講師としての実力があり、資料がそこそこのクオリティになっていれば、「講師料は無償で構わないので、貴社が主催するセミナーがあれば講師をさせてほしい」という提案をすれば、その会社がセミナー開催する際に講師として呼んでもらうことができます。

3　講師プロフィールシートを作って持ち歩く

どのような実績があるのか、どんな項目について講師ができるのかについて記載したプロフィールシートを持ち歩き、セミナー講師としての機会がありそうであれば、すぐに出せるようにしておきます。大手企業や有名企業は、継続的に安定した品質で話してくれる講師を探しています。チャンスがあればプロフィールシートを渡すことで、講師の機会を得ることができます。そして、先方に許可を受け、これを講師実績として自社のホームページやプロフィールシートへ掲載すれば、さらに大手企業、有名企業から講師として呼ばれやすくなります。

5-3 提携営業を実践する

1 提携営業の事前知識

「他人が自分とつながりたい人を連れてきてくれて、ビジネスパートナーや顧客や友人になる。自分の知らないところで他人が宣伝をしてくれて、見込み客をつくってくれている」

そんな状況になったことはありますか？

見込み客に困ることなく、ビジネス展開はどんどん広がり、いろいろな方に感謝されながら圧倒的な成果を出す。営業活動が楽しくて仕方がなくて、いろいろな方と会いながら広がる世界を成就しながら日々を過ごす。そんな世界があります。

そのための手法および考え方を「提携営業」と呼んでいます。生命保険や証券会社で、一個人で億超えの収入を得ているスーパーセールスパーソンが実践している営業手法で、紹介をお願いして引き合いをもらう「紹介営業」や、顧客の課題をヒアリングしたうえで、その解決策とセットで自社商品・サービスを販売する「コンサルティング営業」、BNIの登場で話題となった他社商品・サービスを販売する「リファラル営業」（以下、リファラル）はその一部になります。

それらの営業手法を偏ることなく適正に実行することで、圧倒的な個人ブランディングに基づいた営業力を発揮することができるよ

◆図表5－1　提携営業の種類と特徴

カテゴリ	PR内容	接触機会創出	プロジェクト組成	コミュニティ組成
セールス（紹介営業、コンサルティング営業）	自社	自社	無	無
リファラル	他社	自社	無	無
アレンジメント	他社	他社	有	無
コミュニティリーダー	他社	他社	有	有

うになります。

　図にまとめると、上記のようなかたちになります。ポイントは、セールス以外は自社商品・サービスをPRしていないということです。

　ではどのように売上につなげるのかというと、端的には「将来の見込み客、将来の紹介先」をつくる活動により、いつかどこかで売上につながります。

　現代は、情報がなくて困るのではなく、あふれすぎて困っている時代です。

　例えば「痩せる方法」とGoogleで検索すると、2,700万件以上の検索結果が出てきます。検索結果を見ていくと、炭水化物を摂るなというサイトもあれば、摂ったほうがよいというサイトもあります。運動についても同様です。結局どうすればよいのか、どのサイトが正しいのかということがわからないのです。

　そういった際に、BtoBの商品・サービスであれば、顧客は以下のプロセスで解決策を提示してくれる人を探します。

① 知り合いの中で今回の事案を解決してくれそうな信頼できる人
② 今回の事案を解決してくれる人を紹介してくれそうな信頼できる人
③ WEB検索で出てきた信頼できそうな人、たまたま飛び込みで出会った人

　この順番の上位に自身がいること、直接の顧客や紹介してくれる人から「信頼されている」こと、これらが紹介をもらう決め手になります。

　ここで考えてほしいポイントは、「営業機会の量と質」です。

　困ったときに1番に思い出してもらえる（上記①）、誰かが困ったときに相談した相手が自分を1番に思い出して紹介してくれる（上記②）、となると営業機会の量が増えます。同時に、そういった営業機会においては基本的な信頼があるので、見込み度としても非常に高いものとなります。

　しかし、①②では適切な解決手段がなくて③で探してきた方々は、絶対数も少なく、かつ信頼を一からつくらないといけないので、案件にもよりますが見込み度は相対的に低くなってしまいます。

　大企業が、なぜ高いコストを支払って自社や自社商品・サービスを広告するのかというと、「購買動機が出た際に1番に思い出してほしい」からだと述べました。

　広告コストや広報コストが十分にかけられる場合にはそれで良いのですが、そうでない場合はリファラル、アレンジメント、コミュニティリーダーをすることによって、低コストで「購買動機が出た

133

際に１番に思い出してもらう」ことを目指します。

　混乱しがちなので、もう一度おさらいの意味も兼ねて説明しますと、自分から「紹介をください」と働きかけることは、セールスの一部となります。

　提携営業は、自身で直接的に働きかけをしなくても顧客からの直接の問合せ、紹介者からの紹介を得ることを目的としています。紹介営業を否定するものではなく、その手法もとりながらではあるものの、より高い成果を生み出すために実施する営業手法です。

２　提携営業の効果

　提携営業について、「そんなことが本当に可能なのか」と考えた方もいるかもしれません。筆者も、本書を読んだ全員が、これにより圧倒的な成果を生み出し、営業することが楽しくて仕方がない状況になるとは考えていません。

　ただ、そういった営業手法を実践し、成果を出している人がいることは事実です。それを細分化して解析し、本書にまとめたことで、「自身でそのような営業をしたい」と考え、その道を歩む人が増えるのではないかと期待しています。

　筆者は創業期に偶然、提携営業を実践しているスーパーセールスパーソンにこの手法を教えてもらうことができました。当時は提携営業だとは知らずに実践していましたが、これを継続していることで、現時点において営業案件に困ることはなく、自社から営業をせずとも紹介だけで継続的な成長を続けています。もちろん、いろいろな方々のご支援があったことは前提ですし、自社のメンバーが頑

張ってくれたおかげであって、そこに感謝をしています。同時に、今の業績や社会的な地位を築けたのは、提携営業を実践していたことが大きなウェイトを占めていると確信があります。

　また、皆さんの周りにも、提携営業を実践してうまくいっているケースや、あるいはご自身で実践してうまくいったケースもあると思います。多くの場合、うまくいっている人に対して、「センスがいい」「才能がある」「あの人だからできる」と片づけて実践しないことがあります。それは非常にもったいないことです。

　リファラルまでは、対応範囲を広げなければ、特別な技能がないとできないものではありません。法則性を理解し、自分なりに活動することで誰しもが実現できる再現性を持っています。そのため、自分なりの手法を決めてもらえば、明日から実践できるようになります。

　アレンジメント、コミュニティリーダーは、それなりの努力と経験が必要となるので、営業において圧倒的な成果を出したい、経営者になりたいといったことでなければ、モチベーションが続かないかもしれません。

　ただ、これらの提携営業に必要となる、

①　経営の課題設計が多方面においてできて、必要な人をアサインできる
②　付加価値を生み出すべくプロジェクト設計ができて、顧客を囲い込むことができる

というスキルがあれば、商品・サービスが何であっても事業運営を

することができます。すでに経営している人、いずれ独立して何か事業を自分で行いたい人には、伸ばしてもらって損はないスキルです。

　感覚という言葉がありますが、営業については感覚に頼って実行している方が多い気がします。あらためて一定の法則・理論に従って実践してみる、自分のやり方を否定するのではなくブラッシュアップするという意味で提携営業を学んでみてください。

　そういったセットアップで学んだことをうまく自身に組み込むことができたとき、「他人が自分とつながりたい人を連れてきてくれて、ビジネスパートナーや顧客や友人になる。自分の知らないところで他人が宣伝をしてくれて、見込み客をつくってくれている」という夢のような状況の入口に立っています。そのパラダイムに皆さんがシフトされることを心から願っています。

3　提携営業の種類と特徴

　前述（図表5-1）の通り、提携営業は以下に分類されます。

---

① セールス（紹介営業、コンサルティング営業）
② リファラル
③ アレンジメント
④ コミュニティリーダー

ここでは、それぞれの手法と特徴を解説していきます。

（1）セールス

　言葉通り、自社の商品・サービスを必要な人に対して何らかの手段で接触し、ニーズ喚起を通じて顧客ニーズと自社ニーズのすり合わせを行い、クロージングして売上・利益を上げることが活動の目的となります。

　手法としてはテレアポやDM、飛び込みといった不特定多数の方に事前承諾なしに実施するものや、事前に紹介者にアポイントを取ってもらい同行してもらう、といったものがあります。一定の接触機会を持てば、一定のニーズを持つ会社（人）にタイミングよく当たり、成果につながることがある手法です。

　スマートさの点において今風ではない営業手法ではありますが、対面する相手に説明をして、納得してもらうためのコミュニケーション能力を実践において身につける、ということにおいては非常に価値があります。提携営業を実施するにあたって最も重要といってもよいでしょう。

　理由は単純で、紹介をもらうことができても、自社のセールスの質が低ければ売上につながらないからです。その質を何で測るかというと、以下の2点です。

---

① 顧客から次の顧客を紹介してもらえるような、信頼度や満足度の高い対応ができているかどうか（紹介営業の観点）
② 顧客の課題を定義・提案して課題解決を図ることができるかどうか（コンサルティング営業の観点）

提携営業においてセールス以外の活動は即効性がないので、セー

ルスで即効性を出しながら自らを鍛えて、他活動で紹介がたくさん
来た際に売上につなげられるようにする必要があります。

（2）リファラル

　対面する相手に自社の商品・サービスを販売するのではなく、他
社の商品・サービスもしくは人物を紹介することを指します。

　BNIが広く世の中に定着させた手法（BNIでは、チャプターと呼
ばれるコミュニティ単位内のメンバーの名刺やチラシを保有して、
その方に代わって営業活動を実施しますが、これは稀なケース）で
すが、提携営業においては、対面する方の相談に乗っている際に出
てきた課題に対して会社（個人）を紹介しようとすることを指しま
す。他社商品・サービスに対してコンサルティング営業を代行して
いる、というのがわかりやすい説明かもしれません。

　例えば、「求人をかけても応募すらなくて困っている」という相
談を受けた際に、自社にそれを解決する商品・サービスがなくとも、

①　indeedやGoogle for jobs、自社求人サイトの活用
②　そもそもの求人条件を良くするための組織改善
③　人がやっている仕事を自動化するAIツールの検討

といった相手が想定していない課題解消策について実際に提案・紹
介ができることが、リファラルにおいては重要なこととなります。

　セールスとは大きく異なるのは、自社商品・サービスで解決でき
ない分野の経営課題について定義をし、適切なソリューションを提

案する必要がある部分と、紹介料をもらっていない場合は短期的な収益にはならない部分です。

　BNIの素晴らしいところは、このリファラルの相互実働を推奨することで、短期的な収益につながりづらいというデメリットを解消してくれることです。ただし、「こんな知り合いがいて、よければ紹介させてもらえませんか？」というアプローチをとってしまうことは、顧客本位ではなくて紹介側本位であるため、紹介の受け手が「BNI活動に巻き込まれている」という感覚を持ってしまう傾向にあります（もちろん人によります）。そうなると、BNI仲間からの紹介は受けやすくなる半面、紹介の受け手と良好な関係を築いて顧客になってもらう、紹介をもらうといったことからは遠ざかってしまうことがあります（※あくまで筆者の個人的な見解です）。

　リファラルを売上につなげるには、顧客の課題に対して、これがベストだと思うものを提案することが大きなポイントとなります。良い悪いは別として、受け手のことを考慮しきれていない紹介は逆効果になることがありますので、留意してください。

（3）アレンジメント

　ここからが一般の書籍には書かれていない、提携営業の醍醐味となります。リファラルはこの活動を実施するための前段階である、と認識してもらうと、上記の経営課題の解決を前提とした顧客本位の紹介ができることの重要性が理解できます。

　セールスおよびリファラルと、このアレンジメントには大きな違いがあります。それは、顕在化した課題に対して解決策をただ紹介するだけではなく、プロジェクト提案を行い、必要なプロジェクト

メンバーを集めて新しい価値を生み出すことができるという点です。

例えば「事業承継」がテーマ（課題）だったとして、税金の問題だと捉えて税理士だけを紹介すると、経営企画室の組成、後継者育成、事業譲渡の可能性検討等々、他の選択肢について加味しないまま、ことが進んでしまうことになります。仮に課題設計が広範囲にできたとしても、対応先ごとにバラバラに依頼したのでは、それぞれの会社ごとに連携を取る必要があり、解決の難易度が上がります。

この難易度を下げるべくプロジェクト立案し、そこに必要なメンバーをアサインすることがアレンジメントで実施することです。

アレンジメントは、通常はコンサルティング会社が報酬をもらって実施することですが、これを無報酬もしくは安価で実施することで、プロジェクト運営に関わる工数を抑えて、さまざまなプロジェクト立案、メンバー選定、運営支援を行うことができます。

メリットとしては、リファラルの発展型として、より多くの人に貢献ができること、数多くのプロジェクトに関わることで成功・失敗のノウハウを積めることです。リファラルを実施するときの精度を上げることにもつながりますし、自身が経営者であれば、自社の経営に還元できるノウハウとして蓄積することもできます。

デメリットは、責任関係がプロジェクトを組成した人物に集まるため、うまくいかないときの責任が大きいこと、利害関係の調整に能力と人格の両方が問われることです。

アレンジメントができるようになると、「とりあえず会っておいたほうがよい」といったスタンスでの紹介が増えます。そうなると、自ずといろいろな人が他人を通じて自分を訪ねてくるようになりま

す。紹介者からすれば、アレンジメントができる人に顧客を紹介することが、自分のメリットになるからです。

　他者が自身のメリットのためにあなたを紹介してくれるので、「見込み客に困ることなく、ビジネス展開はどんどん広がり、いろいろな方に感謝されながら圧倒的な成果を出す。営業活動が楽しくて仕方がなくて、いろいろな方と会いながら広がる世界を成就しながら日々を過ごす」世界に身を置くことができます。

　ポイントは、リファラルできる範囲を増やすこと、つまり内容がよく理解できていて、課題設計して具体的なアサインをできる分野を広げることです。最初は限定された部分から始めますが、たゆまぬ努力と経験によってアレンジメントができるようになります。

　スティーブ・ジョブズがスタンフォード大学の卒業式で行った伝説のスピーチの中に、こういった言葉があります。

——将来を見据えながら点と点を結ぶということなど、皆さんにはできません。できるのは、振り返りながら点と点を結ぶということだけです。ですから、皆さんは、点と点が将来何らかの形でつながると信じるしかないのです。皆さんは何かを信じるべきです——自分の勇気であれ運命であれ、人生であれカルマであれ何であれ——なぜなら、点と点が将来いつかはつながると信じることで、たとえそれが人並みの人生街道から外れることにつながろうとも、自分の心に従うことに自信が持てるようになるからです。そして、このことがもたらす違いは大きいのです。
(CNN English Express編『スティーブ・ジョブズ 伝説のスピーチ&プレゼン』朝日出版社)

　一つひとつの紹介を大切にし、そこで学びを得ることで点ができ

ます。その点が多ければ多いほど、いざ線を書きたいときに多様な線を書くことができる。それが提携営業におけるアレンジメントと考えてもらえるとよいでしょう。

　なお、アレンジメントを実施する際に、自社の商品・サービスを入れておくと、ジョイント・ベンチャー的な取組みにはなるのですが、本論ではありませんので解説は省きます。なんでも自己所有するのではなく、連携で付加価値を生み出し、世の中に浸透させていくことが本流の現代社会においては必要なスキルではあるでしょう。

（4）コミュニティリーダー

　アレンジメントの進化形として意識しておいたほうがよいのが、コミュニティリーダーとしての活動です。

　コミュニティリーダーは、出会った方を「自身が運営する」コミュニティに加盟させます。加盟の形式は、○○会といった正式な会に入会してもらう形式もあれば、定期的に開催する勉強会や交流会に継続的にお誘いするといった形式もあります。最近流行りのオンラインサロンもそのコミュニティ形態の一つです。コミュニティは一定のミッションを持つプロジェクトとして、自身で組成することが望ましいです。

　提携営業はボランティア活動ではありませんので、出会った会社か、もしくはその会社から紹介される方を本業の顧客にする必要があります。ただ、往々にしてタイミングが合わないことがあります。そういった場合、いざ顧客になるニーズが顕在化したタイミングに

おいて、他の会社の顧客になってしまう可能性があります。

　それを避けるために、知り合った方々をコミュニティの中に入れて、その中での相互紹介やビジネス連携を促進することで、自然に、かつ自身の工数をあまりかけずにリファラルやアレンジメントを実施することができるというわけです。

　また、リファラルやアレンジメントを実行するのが提携営業の基本スタイルとなりますが、これを実践する人は、すぐに予定が他人の紹介、自分の営業活動で埋まってしまうことになります。このため、せっかく本業の売上・利益につながるアポイントが来ても、合わせられる日程がかなり先になってしまうということが起こり得ます。次に会おうと思ってもなかなか会えない、というのもプレミアム感があってよいのですが、いざ実際に自社の利益になる営業案件が入ってきた際に「2週間先のアポになる」といったことでは営業機会を逃してしまいます。

　とはいえ、リファラルやアレンジメントは多くの人に会ってこそ成り立つ手法でもあるため、どうしても人に会わないといけません。こういったジレンマを抱えるほどの売れっ子になった提携営業パーソンは、コミュニティリーダーになることを推奨します。

　コミュニティリーダーとなるメリットは、コミュニティに所属する人同士がこれを通じて知り合った・連携したとなった場合に、コミュニティリーダーの評価が上がるということです。自身が動かなくても、コミュニティ運営を通じて紹介営業を実践したのと同じ効果を得ることができます。

　デメリットは、コミュニティに参加したメンバー同士で何か問題があった際には、一定の解決を図らなければならないということで

す。

　例えば、開催しているオンラインサロンでコラボしたものの、一方が詐欺師で、もう片方がお金をだまし取られたとなると、もちろん当事者間の話ではあるものの、コミュニティリーダーとして一定の解決支援をする必要が出てきます。

　上記のような大変さはありますが、リファラルやアレンジメントをしているだけでは、ずっと前線に立って走り続ける必要があるため、提携営業の完成形として、コミュニティリーダーになることは念頭におくようにしてください。

リファラルを実践する

1 コンサルティング営業スキルの活用

　リファラルの効果を高めるためには、コンサルティング営業ができたほうがよいです。というのも、レベルの高いリファラルにおいては、他社の商品・サービスをコンサルティング営業することになるからです。

　例えば、「良い弁理士を紹介してほしい」と依頼された際に、何をもって良い弁理士とするのかを合意事項とする必要があります。弁理士ということから知財関連であることは予測されるものの、相手が求めているのが、商標なのか、特許なのか、どの分野なのかといったことで紹介すべき弁理士は変わります。

　コンサルティング営業は「顧客の潜在的なニーズを定義し、課題解決の提案を通じて自社の商品・サービスを提供すること」であって、リファラルは「顧客の潜在的なニーズを定義し、課題解決の提案を通じて他社の商品・サービスを提供すること」です。このスタート地点がとても大事です。つまり、違いは自社の商品・サービスなのか、他社のそれなのかということであり、どちらも顧客の課題解決の提案をすることが前提です。

　リファラルをやっていると、無償でやっているから紹介してもらえるだけでもありがたいはず、と考えがちなのですが、紹介した結

果として想定していた課題が解消されないとなると、感謝されるはずが恨まれる結果になることもあります。これを避けるためには、リファラルをする分野であれば、ある程度は他社商品・サービスのコンサルティング営業をできなければなりません。

　例えば、優れた提携営業パーソンは、特許取得、不動産活用、コスト削減、美味しい飲食店（ジャンル別）選び、資金調達、飲食店出店、探偵活用、販路開拓等々の幅広い分野でコンサルティング営業ができます。その中の一部に自社が提供する商品・サービスがあり、そのニーズがある際には受託する形式をとります。

　慣れないうちは、最初から決め打ちでコンサルティング営業できる分野についての紹介を実施します。徐々にその分野を増やしていくことで、対応範囲が増えていきます。

　「バンカラ」と呼ばれる生バンドの演奏で歌えるカラオケがありますが、これが凄いのは、どんな曲にも対応してくれるところです。ただ、これもいきなりそうなったのではなく、リクエストがありそうな主要な曲を一つずつ演奏できるようになった結果であって、積み重ねの結果です。

　セールスであれば自社の商品・サービスだけでよいものを、リファラルでは他社の商品・サービスについてコンサルティング営業をできるようにする必要があるので、知的好奇心や勉強は必須となります。

　一つひとつの紹介と真剣に向き合い、経験を積むことで、他社商品・サービスのコンサルティング営業ができる範囲を広げることができます。

2 リファラルを実施するための具体的なコンテンツおよび内容

以下、リファラルを実施するための具体的なコンテンツおよび内容を解説します。

（1） 関係値ニーズ

定　義　他のニーズと比較して、仕事と関連性が低い人間的なつ
　　　　ながりに対するニーズ

提携営業においては、仲良くなるための手段として人間関係を円滑にするために用いられます。自社の商品・サービスの付加価値や競争優位性がそれほど高くない場合に、多く用いられます。人脈が少ない、コンテンツの目利きができない状況においては他のニーズを活用できないため、これを多用することになります。

《留意点》
　①　高頻度に関係値ニーズにおいて接触することは、ザイオン効
　　　果によって親近感が増すことにはつながります。しかし、成約
　　　につながるかどうかは自身が取り扱っている商品・サービスの
　　　付加価値や競争優位性に大きく左右されるため、絶対的なもの
　　　ではないと考えるのが健全です。
　②　同じ手法を多用すると効果が薄れる傾向にあり、工夫が必要
　　　であるため、費用対効果を見ながら図表5－2を実践していく

147

のが望ましいでしょう。

◆図表5－2　関係値ニーズ

関係値		コスト	
		低	高
時間	多	食事（割り勘） 飲み会（割り勘） ゴルフ（割り勘） 旅行（割り勘） 交流会随伴	食事（費用負担） 飲み会（費用負担） ゴルフ（費用負担） 旅行（費用負担）
	少	喫茶 サンクスレター メールマガジン 手紙 年賀状 暑中見舞い	お歳暮 お中元 お土産

（2）コスト削減ニーズ

定　義　事業運営におけるコスト削減に対するニーズ

　提携営業においては、わかりやすいお役立ちの方法として用いられます。料金体系やコスト削減の手法について、一般的に理解しやすいもの（つまり専門性が低いもの）のほうが提案しやすい傾向にあります。コスト削減に関して、初期コストのかかるもの、初期コストはかからないものの成功時の報酬が高額になるもの、準備に手間がかかるものは導入までに至らないことが多いことに注意が必要です。

《留意点》

①　コスト削減の業者は多数にあり、同じ分類のコスト削減で
あっても手法や金額が違うため、紹介する前には比較検討が必
要となります。仮に紹介して導入してもらった後に、もっと良
いものがあったとなると、紹介したことが逆効果になってしま
います。

②　初期コストや成功報酬、うまくいかなかった場合の返金等に
ついて、紹介前に仕組みを聞いておきます。そうでないと、ト
ラブルになった際には紹介者にまで話が返ってくる可能性があ
ります。

◆図表5-3　コスト削減ニーズ

コスト削減		コスト・手間	
		低	高
専門性	高	損害保険 生命保険	家賃削減 社会保険料 販売管理費削減 電気代（省エネ） 電気代（創エネ）
	低	水道代 電気代（購入単価削減） コピー代 名刺代 振込手数料	

（3）コラボニーズ

定 義 事業運営において本業コンテンツでの連携による付加価
値の向上、DBを共有することによる販促等へのニーズ

　どのような商売をしていても、販売する商品・サービス（本業コ
ンテンツ）と、すでに何らかの取引をした顧客のDB（データベース）
を保有しているものです。これをコラボさせることで収益につなげ
ていく方法です。提携営業の基本形であり、最も経験とセンスが問
われる部分といえます。売上ニーズを充足できればよいものの、そ
のような機会はそれほど多くないため、コラボニーズを充足させる
ことが質の高い提携営業における主戦場となります。

《留意点》
①　コラボした後にトラブルになると取り返しがつかないため、
　　コンテンツや顧客DBの質よりも、まずは経営者や担当者の人
　　間性を見るようにする必要があります。また、Win-Winの心構
　　えがない人を紹介すると、一方的に自分に有利な契約等を結ん
　　でしまう可能性があるので注意が必要です。
②　コンテンツの質は、業界の情報や競争優位性についてよく理
　　解したうえで確かめることが必要です。皆、自社の良い点をア
　　ピールするので、鵜呑みにして紹介するのは厳禁です。

◆図表5－4　コラボニーズ

コラボ		他社	
		顧客DB	コンテンツ
自社	顧客DB	顧客の相互紹介	他社コンテンツを自社の顧客DBに対して販売
	コンテンツ	自社コンテンツを他社の顧客DBに対して販売	より付加価値を高めるために連携を行う

（4）売上ニーズ

定　義　売上向上に対するニーズ

　提携営業において貢献度が高いニーズです。特に、決裁者が売上に対するミッションを背負っている場合には有効です。直接的でコストが少ないことが望ましいですが、顧客DB保持者の紹介も結果が出れば喜ばれます。このニーズを拾うためには、顧客等の困りごとを正確に把握し、解決策となるコンテンツを紹介できる経験とセンスが必要です。

《留意点》

① コストが発生、かつ間接的なコンテンツの紹介（多くの場合は販促手段）は、ニーズを明確化してからでないと、単なる業者の紹介にとどまりがちなので注意が必要です。
② 価格や提供フローについて先に聞き取りをし、相互にある程度の下ごしらえをしておかないと、実際に紹介した際のギャップが発生してしまうので準備が必要です。

◆図表5－5　売上ニーズ

売上		コスト	
		無	有
効果	直接	顧客紹介（無償）	顧客紹介（有償）
	間接	顧客DB保持者紹介 （コラボニーズ）	WEBサイト SEO 広告 チラシ等

（5）よろずニーズ

定　義　関係値、コスト削減、コラボ、売上ニーズのいずれにも
　　　　分類されないニーズ

　提携営業において、主要な分類に振り分けができないニーズです。
提供できるコンテンツの種類や取扱会社は、このよろずニーズが圧
倒的に多くなります。紹介するコンテンツによって貢献度の振り幅
が大きく、また結果のコントロールがしづらいため、このニーズを
主戦場として取り組むのは難易度が高くなります。

《留意点》
　①　主に士業と呼ばれる人たちの主な業務分担は、a.労務→社労
　　　士、b.税務→税理士、c.財務・会計→公認会計士、d.法務→行
　　　政書士、司法書士、弁護士、e.経営企画→中小企業診断士、f.

特許・商標→弁理士となり、業務範囲が重なっていることもあるので注意が必要です。

② 専門性が高い分野はサービス品質が判別しづらいので、規模や周囲の評判を聞いて総合的に判断します。

③ 専門性が低い分野はニーズがあれば紹介すればよいですが、こちらから紹介しても貢献度が上がりづらいため、積極的に取り扱わないことが望ましいでしょう。

◆図表5－6　よろずニーズ

よろず		コスト	
		低	高
専門性	高	登記（司法書士） 行政手続（行政書士） 税務（税理士） 労務（社労士） 助成金（社労士）	財務・会計（公認会計士） 法務（司法書士、弁護士） 経営企画（公認会計士、中小企業診断士） 補助金（税理士、中小企業診断士） 特許申請（弁理士） 商標登録（弁理士）
	低	接待に使う飲食店 美味しいランチ	人材派遣 探偵

③　リファラルにおけるTIPS

リファラルを効率よく実践するには、いくつかTIPS（コツ）が
あります。以下に羅列しますので、参考にしてください。

（1）心構え・準備

①　基本姿勢
提携営業では人に好かれることは非常に重要なことです。嫌われ
てしまうと紹介を得ることはできませんし、クロージングもできま
せん。

社会人の基本として、大きな声を出す（もごもごと喋らない）、
きびきび行動（だらだら行動しない）、自分から挨拶（礼儀をわき
まえる）、明るい笑顔（会う人を暗い気持ちにしない）を肝に銘じ
て活動するほうがよいです。

②　「責任なし」スタンスよりは「責任あり」スタンスで
これは個人的な好みの部分ともいえるのですが、紹介者責任はと
らないスタンスよりも、とるスタンスのほうが、紹介精度と信頼度
は向上しやすいです。

先述の通り、紹介そのものは無償で対応するもので、直接本業に
つながることではないことから、「紹介はするものの、紹介後は自
己責任で」といったスタンスの方も少なくありません。実際、紹介
を実行したものの、結果として問題となってしまい、それに巻き込
まれて解決までにかなりの時間と労力を割かれるようなケースがあ

ります。特にリファラルを始めたばかりの段階では、慣れていないことから結構起きてしまいがちです。

　根性論が少し入ってしまうのですが、責任をとりませんというスタンスで紹介をしても、次に活かす学びは得られづらく、紹介先からの信頼も得られません。紹介の失敗はしないに越したことはありませんので、それを防ぐための技術を上げる意味でも「責任あり」スタンスを貫くことをお勧めします。

③　大義名分を準備する

　紹介を受けるためには、紹介元と紹介先がWin-Winとなる状況が必要になります。大げさに聞こえるかもしれませんが、例えば紹介元の企業で本業コンテンツを導入してもらっていて、良いものだったから友達の社長にも紹介したい、といったことも大義名分にあたります。

　自己紹介のパートにあった範囲、時間軸、コミット度を自社の事業ドメインと併せて設定し、その賛同を受けて同じ思いの社長を紹介してもらう、といったケースも想定できます。

　具体的には、「世の中に人事の新しいスタンダードを普及させて、自分たちの子どもの世代、孫の世代まで繁栄することを目指していて、自身の天命であると認識しているのでなんとしてもやり切ります」と自己紹介したところ、「同じことを考えている人がいるから、ぜひ紹介したい」と言われるケースなどです。

④　無償の研修、無償のコンサルティングを実施する

　リファラルを実施する際に、自社商品・サービスの販売につなげつつ、売り込みの雰囲気を出さないための方法として、無償の研修、

無償のコンサルティングの実施があります。

　これは、本来有償で提供している商品・サービスの一部を提供するもので、食品でいえば試食にあたります。あまり出し惜しみすると価値がなくなるので、相手に「すごく良くしてくれた」と感じてもらえるぐらいの、出し惜しみのないものであることが望ましいです。

　例えばハラスメント研修を提供するとして、「テキストは差し上げるので、自分たちでやってもらってもいいですし、もちろんこちらが講師をすることもできます」といったように、相手に能力とやる気があれば、こちらに依頼せずともできますよ、という体で提案します。相手が自分たちでやってしまえば、それはそれで貢献したことになりますし、自分たちではできないが、どうしても実施したい、という場合は自然と依頼になります。

　どちらにしても、もともと無償でリファラルを実施しているのですから、そこは出し惜しみをすることなくノウハウ提供をします。強いていえば、そこからフィードバックをもらうことでコンテンツを改善していけば、より結果につながりやすくなるでしょう。

（2）実行中のコツ・留意点

①　ニーズのもらい方

　ニーズを得るには、「私で何かお役に立てることがありますか？」とストレートに聞いてみることが一番の早道です。その場で具体的な提携営業コンテンツが提案できることが望ましいですが、持ち帰って仲間に聞くのもよいでしょう。

　少し慣れてきた際には、相手方の業種業態から勘案して「こういっ

たことでお困りですよね？」とこちらからボールを投げて、反応を見ることもできるようになります。業界ごとに共通の悩みはあるものです。ここを押さえていると相手の信頼感を増すことができますし、良い提携営業ができるようになります。

②　NG行為

できない約束をしてしまうことは絶対に避けないといけません。提携営業の多くは無償、もしくは安価で行うことから、約束を守らなくても平気な人がいます。しかし、その考えは非常に危険です。慣れないうちは「聞いてみないとわからないのですが、こんな企業（人）がいます」といったかたちで期待値調整をするとよいです。

③　出資話はまずは銀行紹介

リファラル活動を実行していると、出資話の相談を受けることが多くなります。出資話はかなり高度な話になるので、あまり積極的に関わらないほうが無難です。普通に事業として成り立つ話であれば、金融機関で融資を受けられるので、その手段を飛び越えて出資の話になっているケースは、紹介先に対して迷惑をかけることがあります。

出資話の相談を受けた場合は、まずは銀行での融資を勧めて、それでは難しいという話であれば、企画書をもらって一度持ち帰り、しかるべき人に相談をするのがセオリーです。

④　スタートアップはクラウドファンディングを出口に

スタートアップ事業からの相談も受けることが多くなります。自社がスタートアップ支援を事業として取り扱っている場合はよいの

ですが、スタートアップ事業の支援は自社の売上・利益につながりづらい傾向にあります。

　ただ、紹介を通じてのスタートアップでは、普段は得られない人脈を得て、成長を促進する意味でお役に立てることも多いので、あまり無下にするのもお勧めできません。

　スタートアップで一番問題なのは、事業モデルが十分に練り上げられていないことです。その練り上げを一気に進めるための手法として、クラウドファンディングがあります。

　クラウドファンディングにより、仮想の顧客に対して作成している事業計画・販売計画を実際に企画化し、応援や商品・サービス購入をしてもらうべく活動することは価値があります。そこでうまくいった事業に対して、資金調達の支援や税理士の紹介といった流れにすると、将来その企業が成長した際には特別な関係を築くことができるので、中長期的な視点での取組みはお勧めです。

⑤　後味を残す

　リファラルを実践し続けている際に、自身の商材・サービスをアピールできないままに、日々が過ぎていくことがあります。感謝してくれる人が増えますから、それはそれでよいのですが、これでは自社の売上につながりません。かといって、「ご紹介したからには、こちらの売上にならないと困る」と伝えてしまうと、紹介した価値がむしろマイナスになるおそれがあります。

　そこでどうするかというと、「後味を残す」というテクニックを使います。

　具体的には、「良い出会いになってよかったです。また良い方がいらっしゃったらご紹介させていただきますね」「もし弊社にお役

立ちできる者がいれば、ご紹介いただきましたら頑張って対応させていただきます」といった主旨の言葉を用います。もっとお役立ちしますよ、という姿勢は示しつつも、暗に紹介してくださいね、と伝える方法です。

そこまでしても、「紹介をもらっているのに、こちらから紹介も出せずにごめんね」という言動すら示さない相手であれば、その方とは積極的に関わらないほうがよいです。相互信頼関係に基づいて動けないと、提携営業は楽しくなくなり、成果も出せなくなります。

⑥ 見込み客、顧客の見分け方

紹介するに際して、この人はちょっと紹介しづらいなと感じるときがあります。

例えば、単価をかなり低く抑えて税理士と契約したいという個人事業主で、「今の税理士がダメだから税理士を紹介してほしい」と言われるようなケースです。

よく聞いてみると、価格の割にはその税理士は頑張っていて、むしろその個人事業主に問題があるといったことがあります。

紹介すると迷惑がかかるわけですが、提携営業の観点からは紹介しないといけないという葛藤に苛まれます。そんなときは「経験からいうと」と前置きしたうえで、今回のケースでいえば、「安くあげようとすると結局うまくいかないことが多いですよ」と伝える必要があります。

提携営業をしていると、「こういう点において紹介しづらいな」と感じることが見えてきます。それを指摘せずに紹介しても、お互い不幸です。ですから、筆者は紹介するにあたって、紹介しづらいと感じる点を素直に伝えるようにしています。

　それを受け止めない、改善しないとなると、そもそも紹介すると
危険ですし、関わっていてロクなことになりません。見極めの意味
でも、そのようにすることをお勧めします。

（3）売上へのつなげ方

①　５回に１回リターンがなければ改善を行う

　リファラルにおける問題・課題として、自社の売上・利益とつな
がらないことがあります。具体的には、貢献ポイントがたまってい
るにもかかわらず、リード（顧客紹介）をもらえないケースです。
　このときは、

---

①　相手が貢献に対して鈍感でお返しをしてもらえない
②　貢献したつもりが、かえって迷惑をかけていた
③　リードをもらえるだけの魅力が自社に足りない
④　紹介する気がない

といったことが原因として考えられます。
　そのような場合は、関係性ができていることを前提に、自社の商
品・サービスのことをどう思っているかをフィードバックしてもら
う機会を設けましょう。そこで出る意見に基づいて改善すれば、紹
介をもらえる可能性が高まります。また、紹介をする気がない場合
も、ここでの振る舞いから判断できます。

②　紹介されると必ず喜ばれる存在になる

　リファラルの次の段階である、アレンジメント（＝他社からの紹

介を受け続けることができる）に行く過程において重要なことですが、自社が「必ず喜ばれる」コンテンツであることが大事です。

本業コンテンツの質が良いこと、リファラル対応できる幅が広いことが多くの人に広まってくると、紹介が紹介を呼ぶようになり、それをこなしていくことで営業目標は簡単に達成することができるようになります。

③　既存顧客のフォロー

既存顧客から継続的な課金が得られているのであれば、「本業以外でも何かお役立ちできることがあればお声がけください」と声掛けをしておけば、そこから本業以外の経営課題を拾い上げることができます。その経営課題に対してリファラルを実行することができれば、顧客保全を別角度で図ることができます。

あまり望ましい状況ではありませんが、既存顧客の本業コンテンツへの満足度が低い状況にあっても、これを補てんすることが可能になります。また、追加の発注を受けやすくなったり、紹介を受けやすくなったりと良いことが多いです。

いろいろな方に対してリファラルを実行するのが負担であれば、既存顧客に対して、限られたコンテンツでまずは実施してみるのも一つの方法です。

④　KPIの設定

活動量とリファラルレベルが一定量を超えてくると、本業コンテンツの紹介が多数得られる状態ではあるものの、短期的な数字にはつながりづらくなります。

自身が経営者であり、自らリファラルを実行する分には大きな問

題にはなりませんが、組織として提携営業を実施しており、従業員がこれを実行するというときには、短期的な収益につながりづらいことに対する経営者の理解は必須です。また経営者が自ら実施するにしても、自身の動き方が効果的であるか、あるいはそうでないかを判断するための指標が必要となります。

　専用スプレッドシートを更新する前提でいえば、

> ①　メインデータベースの数
> ②　貢献数

をKPIとして設定し、そこから売上・利益につながるようにフォローするのが、組織として提携営業を実施する際に重要なこととなります。

⑤　人脈の把握

　リファラルを受ける立場として重要なことは、シンプルにいえば「高い確度で決裁者まで紹介してもらうこと」です。同じ提案を同じ会社に持っていっても、誰から誰に紹介してもらったかによって本業コンテンツの受託確率は大きく変わります。

　提携営業を主体として取り組んでいる方々は、今までの積み重ねによって、いろいろな会社のキーパーソンとつながっています。Facebookや普段の会話、商品・サービスを購入している顧客からどういった方と仲が良いのかを把握しておくことは、重要なことです。これは飛び込みやDMといった手段では得られないメリットがあり、そのメリットを享受するためにも人脈を把握するようにしましょう。

⑥　良い紹介元の見分け方

　これは提携営業をしているとよく聞かれる質問で、基本的には「気の合う人」が良いのではないかとは答えています。ただ、状況や会社によっても違うので一概にはいえないのですが、次のような紹介元からの紹介は、比較的精度が高い傾向があります。

---

　①　紹介先に対して単価の高いものを販売している
　②　機微な情報を取り扱っている
　③　生殺与奪の権利を持っている

---

　①については、単価が高いということは、顧客をしっかりとグリップしていないとできないことで、かつ、この紹介を失敗すれば、それによってクレームが出て解約される可能性もあるわけです。そのようなリスクを背負って紹介してくれていることから、これには一定の重みがあるといえ、紹介先もこちらに対してしっかり対応してくれます。

　②は、主に弁護士、税理士、社労士のような、顧客の機密情報を扱っているケースです。顧客の内情をよくわかっているため、その紹介は、双方の状況を勘案してのことだと認識できます。そういったことから、紹介されてからの受注確率は高まります。また多くの場合、ある程度までこちらのことを説明してくれており、クロージング手前まで話を進めてくれていることも多いです。

　③は、銀行やファンド、証券会社といった、紹介先の経営に対して大きな影響を与える人たちです。ここからの紹介であれば、紹介先は、この紹介を断ると紹介元との今後の関係が悪くなる可能性も加味して、最大限取り組むべく検討してくれます。

　これら①②③からの紹介は、精度は高いのですが、一方で、紹介されるからにはきちんと成果を出さねばならないという責任が発生し、また紹介されるにはそれなりの実績と品格が必要になります。

　良い紹介元から紹介してもらうには、自身も高めなければならないということをセットにして考えてもらえるのであれば、この傾向を踏まえて紹介元を探すのは有効です。

アレンジメント実践時の留意点

　リファラルを高いレベルで実行し続けていると、紹介者や紹介先に顕在・潜在的なニーズがなくても、「とりあえず会っておいたほうがよい」といった期待値で紹介されることが出てきます。ここまで来れば、紹介が止まらなくなります。

　理由は簡単で、紹介者の評価がこちらを紹介することによって上がるので、誰かのためにではなく自分のために紹介をしてくれるからです。このレベルに行くためには、課題設計能力とリファラル技術、人脈を良いバランスで保有する必要があります。

　筆者は多くの提携営業パーソンと関わって、アレンジメントを実践している方と多数連携しています。また、自身もアレンジメントにおいて一定の評価を得ているものの、上には上がいて精進することの必要性を感じています。実体験を含めて留意点をいくつか解説します。

1　自社の売上・利益との連動性

　人脈が広がり、対外的な評価は高まる一方で、多様な方と知り合うことから、自社の売上・利益との連動性が低くなります。また、取り扱っている商品・サービスの課金力や拡張性が低いと、見込み

客が増えるものの、受託できない状況が続きます。

　この領域にたどり着く人は、対外的なことに興味が高く、社内に対しての興味が薄い場合が多いです。自社の商品・サービス開発を行いつつ、課金力と拡張性を高めることも自らのミッションとして動かないと、自社の売上・利益への貢献度が下がり、対外的な評価の高さと社内での評価の低さのギャップに悩むことになります。

　また、人脈の層が上がってくると、相手が大企業、上場企業といったケースが増えてきます。このような場合は、そもそも顧客になる可能性がないというケースがあります。リファラルコンテンツと割り切ってお付き合いするか、そういった企業に対して提供する商品・サービスを開発する必要があります。

　筆者（五味田）の場合、リファラルでの見込み客を創出しつつも、給与計算・手続きを受託することしかできないうちは、人事制度や研修を依頼されても受託にならない＝売上にならないことが発生していました。機会損失の大きさを痛感し、人事制度や研修を納品できる体制を構築したところ、売上が一気に上がりました。

　リファラルやアレンジメントを実践することと、本業の魅力を高めることは常にセットであり、どちらが欠けてもうまくいかないことを認識してください。

　どのようなビジネスであっても、信頼して任せてくれる人が多く、向こうから人が会いにやってくる状況であれば、うまくいく可能性は非常に高いです。アレンジメントに至った場合は、自社の売上・利益との連動を意識して商品・サービスを改革する必要があります。

2　付き合う人を選ぶ

　アレンジメントをするのであれば、紹介元に対して「紹介しても
らうならこのような人」という指定をしておくことが大事です。こ
れはリファラルでも同じですが、多くの人が関わることになるので、
トラブルが起こると多方面に迷惑がかかります。

　例えば、行儀の悪い会社には、リファラルやアレンジメントを実
施してもらっていることについて、「○○さんと仲が良い」という
ように名前を使われることがあります。

　筆者（五味田）が代表を務める株式会社ソビアでは、ある方に顧
問をお願いしています。その方が顧問をしているという話をするだ
けで、知っている方からは絶大な信頼を得られます。というのも、
その方が人格的にも実績的にも素晴らしく、きちんとした商売をし
ている企業の顧問しかしないことが知られているためです。

　一方で、こういった評判、いわゆるネームバリューが悪用されて
しまうこともあります。筆者自身、出会った方に問題があり、名前
を利用されることがしばしば起こります。一度会っただけの方につ
いて、知人から「仲が良いと聞いたけど本当か？」といった質問が
来ることがあります。その場合は、一度しか会ったことがないこと
と、自分なりの所見を伝えるようにしています。

　上記は悪用を未然に防いだケースになりますが、こちらに確認さ
れなかった場合は気づきようがなく、周囲に誤解を与えたままビジ
ネスが進んでいることもあります。

　こういったことを防ぐためには、紹介元に対して、紹介してもら
う人の指定をしておくことが得策です。筆者の場合は、船井総研創

業者の船井幸雄さんが残した言葉である「素直・プラス発想・勉強好き」と指定しています。それさえ調っていれば、今の事業規模の大小、実績の有無に関係なくお付き合いできるからです。

　紹介者に対して紹介してもらう会社・人を指定することは、コミュニティリーダーに進むためにも必要なことです。ホスピタリティの高い方は心理的ハードルが高いかもしれませんが、実行しましょう。

コミュニティリーダー
となる際のTIPS

　アレンジメント領域の次は、コミュニティリーダーです。

　リファラルやアレンジメントを続けると、会うこと自体に高い価値を持つ人、会いたいけれどなかなか会えない人になります。「自社の経営課題を人脈で解決してくれるので、つながりたい」という人が増えますが、こうなると、人に会ったりつないだりすることに上限が来てしまいます。この段階で実行すべきことは、コミュニティを形成することです。

　コミュニティというと、何か会を作ってそれに加盟してもらうというイメージになりますが、そういった形式的なものではなくても、定期的に開催するイベントや会食に頻度高く呼ぶ人たちがコミュニティリーダーを軸に仲良くなる、といったものも含まれます。

　普段あまり会わない人たちが会うとなると、その会を通じた一体感が生まれます。こういった緩やかな共同体であっても、その中心人物であれば、コミュニティリーダーとして認識されます。

　また、何らかのイベントを定期開催していると、提携営業で知り合いになった方々との再度の接触機会を設けることができます。リファラルやアレンジメントをその場で実施することができ、効率が上がります。提携営業を実施するうえでの一つのゴールとして、コミュニティを形成し、その中での交流を深めてもらうよう設定することは重要なことです。

1　コミュニティメンバーの非公開

　コミュニティメンバーを一覧にして公開するケースもあります
が、コミュニティの運営に慣れるまでは、非公開制（匿名）で管理
することをお勧めします。

　公開制であれば、例えばオンラインサロンを作る、正式な会とし
て組成して会費を取る、会員一覧を作るといったことでコミュニ
ティメンバーを公開して、その魅力によってさらにメンバーを増や
すという手法があります。

　一見効率のよい王道的手法に見えますが、コミュニティメンバー
の選定を誤ると、メンバー間の揉めごとの仲裁やクレーム等でコ
ミュニティの運用工数が膨らんでしまいます。また、何か問題があっ
てコミュニティから外れてもらう必要があっても、当人が対外的な
評判への悪影響を懸念し、外れてもらえないこともあります。

　コミュニティを形成する目的がコミュニティ参加費で儲けること
でなければ、自身が開催するイベントに呼ぶ・呼ばないでコミュニ
ティメンバーを緩やかに調整すると運営が楽になります。

2　メイン1人を据えた「○○さんを囲む 会」の実施

　上場企業の役員、なかなか会えない著名人に会えたとき、次につ
なげるべくリファラルをしようとする際に便利なのが、「○○さん
を囲む会」の実施です。これは、「『○○さんを囲む会』を実施する

ので、どんな方だったら会ってみたいかを教えてほしい」と言って
会食のセッティングをしてしまう、というやり方です。

　忙しい方が多いので、後で日程調整をするとなると日が流れてし
まう可能性が高くなります。ですから、日程をその場で合わせ、ど
んな人を紹介するかはその後ゆっくり考えながら、Win-Winになる
ようメンバー選定を行います。この会に参加するメンバーは、「著
名な〇〇さん」に会いには来るものの、その会をセッティングした
人に対して感謝します。

　このようなケースではなくても、定期的に会食を開き、そこに参
加することが多くなると、そのコミュニティに"属している"と感
じてもらえるようになります。マズローの5段階欲求でいう「所属
欲求」です。

　コミュニティに関する心の動きを理解し、コミュニティに対する
エンゲージメントを高めることで、より自社の売上につなげやすく
なります。

第6章

SNS 、動画、WEB ツールの
フル活用

6-1

伝える力、
顧客とつながる力

　筆者（石下）は開業して10年間、毎日欠かさずにブログを書いてきました。今でも Twitter（https://twitter.com/kankyoishige）、Facebook（https://www.facebook.com/ishige）を毎日更新していますし、自社サイト内でのブログ記事、そして行政書士向けのオウンドメディア（https://magazine.gyo-gaku.com/）を定期的に更新し、運用している補助金・助成金の検索サイトの「みんなの助成金」（https://www.minnano-joseikin.com/）においては動画も活用しています。

　ほかにも情報発信の方法として、LINEやInstagramなどさまざまなSNSがありますが、書く、話す、伝える、ということは、今後の士業にとって今まで以上に重要なスキルになると考えています。なぜなら、今まで以上に業界内の競合は増えつつあり、同時にテクノロジーの発達に伴い電子化や業務効率化、簡素化が進むなかで、我々は自分を選んでもらわねばならないからです。

　一定程度の作業がテクノロジーに置き換わっていくなかで、いかに顧客接点を持つか、自分の独自性、強みを活かせるか、それを見込み客や既存客に伝えていけるかがとても重要になります。

　2010年頃は、ホームページを持っていれば、ある程度仕事は来ました。そこから皆が作り始め、今ではホームページはあって当たり

前となり、それを比較して顧客が士業を選ぶ時代になりました。自社のホームページが検索上位に来るかどうかが大事になり、SEO対策をしたりインターネット広告をかけたりと、2015年頃からインターネット上の競争が激化しました。

　その結果、広告単価は上がり、顧客獲得コストが上昇し、利益率が下がり始めました。ただでさえインターネットでの集客は価格での比較がされやすく、安値競争が起きやすいことに加え、この顧客獲得コストの上昇で、多くの士業は、忙しいわりに現金が残らないという状況に陥っていきました。

　だからこそ、これまで解説してきたような「広告に頼らずに依頼をもらえるような工夫」が必要なのです。そして、その工夫を実践するためには以下の能力が必要です。

① 　良質なコンテンツ、顧客が必要なコンテンツをわかりやすく書く能力
② 　①を書き続け、それを蓄積する能力
③ 　動画やオンラインセミナーで話して依頼につなげる能力
④ 　接点を持てた見込み客を成約につなげる能力

　2018年時点で、個人のモバイル端末の保有率は84％、うちスマートフォンが占める割合は65％にも上っています。一方で、いわゆるガラケーは25％ほどになっており、今後この差は開く一方でしょう。これまではパソコンが苦手だったという世代も、だいぶ前からスマートフォンで検索する時代になっているのです。つまり、ブログやホームページを検索したり、SNSでつながったりすることが一般的になっており、これに対応できないということは大きなディスア

ドバンテージになってしまうのです。

◆図表6−1　情報通信機器の世帯保有率の推移

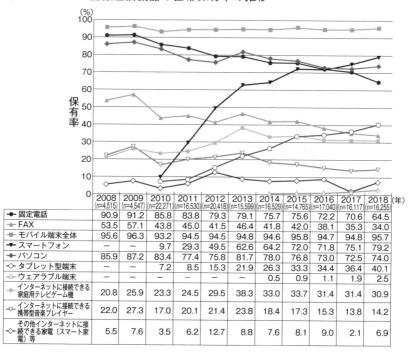

	2008 (n=4,515)	2009 (n=4,547)	2010 (n=22,271)	2011 (n=16,530)	2012 (n=20,418)	2013 (n=15,599)	2014 (n=16,529)	2015 (n=14,765)	2016 (n=17,040)	2017 (n=16,117)	2018 (n=16,255)
固定電話	90.9	91.2	85.8	83.8	79.3	79.1	75.7	75.6	72.2	70.6	64.5
FAX	53.5	57.1	43.8	45.0	41.5	46.4	41.8	42.0	38.1	35.3	34.0
モバイル端末全体	95.6	96.3	93.2	94.5	94.5	94.8	94.6	95.8	94.7	94.8	95.7
スマートフォン	−	−	9.7	29.3	49.5	62.6	64.2	72.0	71.8	75.1	79.2
パソコン	85.9	87.2	83.4	77.4	75.8	81.7	78.0	76.8	73.0	72.5	74.0
タブレット型端末	−	−	7.2	8.5	15.3	21.9	26.3	33.3	34.4	36.4	40.1
ウェアラブル端末	−	−	−	−	−	−	0.5	0.9	1.1	1.9	2.5
インターネットに接続できる 家庭用テレビゲーム機	20.8	25.9	23.3	24.5	29.5	38.3	33.0	33.7	31.4	31.4	30.9
インターネットに接続できる 携帯型音楽プレイヤー	22.0	27.3	17.0	20.1	21.4	23.8	18.4	17.3	15.3	13.8	14.2
その他インターネットに接 続できる家電（スマート家 電）等	5.5	7.6	3.5	6.2	12.7	8.8	7.6	8.1	9.0	2.1	6.9

（出典）総務省「令和元年版情報通信白書」

ITツール活用の必要性

1 オンライン化によるメリット

　新型コロナウイルスによって、リアルのイベント、交流会、勉強会はほとんどなくなりました。これまでセミナーを顧客接点として営業に活用していた士業は、大きな方向転換をしなければならなくなりました。筆者も、士業や経営者の交流会や、行政書士向けの実務勉強会（https://gyo-gaku.com/seminar/）、士業向けの補助金講座（https://peraichi.com/landing_pages/view/minsuke）などを開催してきましたが、どれもリアルでの開催はできていません。

　こういった事態に対応するという意味でも、ITツールやSNSの活用が重要なわけです。SNSでの発信やホームページでの宣伝といった従来の活用策に加え、WEB会議ツール（ZOOM、Teamsなど）を使用した「オンライン会食」を実践している士業もいます。ZOOMを使って飲み会をする「ZOOM飲み」は、もはや一般化したとすらいえるでしょう。

　リアルの交流会で名刺交換というのは、今後もなかなか難しいかもしれません。ただ、闇雲に交流会に出て名刺を配りまくっても、相当営業力が強い方以外は仕事になる確率は低いといえますし、逆に、効率よく営業をするという点での意識の切り替えが大切だと思

います。

　また、勉強会やセミナーについては、前述のWEB会議ツールを活用すれば、実際に会わずとも開催することができます。遠方で移動時間がかかるといった場所的・時間的制約と、それらに伴うコストから、これまで参加できなかった層が参加できるようになり、より仕事につながりやすくなるという面もあります。

　実際、2020年4月に新型コロナウイルス対策の資金調達として、融資、補助金、助成金についてのオンラインセミナーを開催したところ、有料にもかかわらず2週間の告知で300人以上の方が参加してくれています。さらに、前述の補助金講座についても、これまではだいたい1回5〜10人の参加だったのが、オンラインセミナーにしたところ、3倍ほどの方が参加してくれました。

　また、商談についても同様です。これまでは顧客先を訪問しての面談も多かったと思いますが、bellFaceやmeet inなどのITツールを活用することで、移動なく面談に臨むことができます。また、オンラインのほうが面談時間も短くなり、効率的ともいえます（もちろんリアル面談には、そこで出る雑談の中に事業のヒントがあったり、顧客との距離を近づけやすかったりというメリットがあります）。

　ITツールの活用によって、1日に入れられる面談の件数が増やせるようになり、これを効率よくビジネスに活用できれば、売上アップにつなげやすくなったといえるでしょう。

2　ITツールを活用できるかが大きな差につながる

　このように、オンラインでの面談やセミナーの開催が一般化するなかで、話す力というのはこれまで以上に重要視されます。その場で資料を用意して、ホワイトボードに書いて説明といったことがしにくくなりました（WEBツールの中にはそうしたことができるものもあります）。

　セミナーからの個別相談などというリアルで構築してきたフローを、いかにオンラインに活かし、その次（受任や紹介）につながるよう設計できるかも非常に大切です。専用のアプリ等を使ってオンラインで名刺交換することもありますが、名刺交換をしない場合もありますので、オンラインの面談やセミナーでのつながりをどうやってフォローし、成約につなげていくのかは、リアルとは違った工夫が必要になります。

　ITツールの進歩のスピードは大変早く、日々新しい機能やツールが生み出されています。これらを活用できるかが、これまで以上に大きな差につながるでしょう。

　ZOOMやbellFace等さまざまなITツールを使いこなしつつ、しっかり受任につなげられるような話し方ができるか。そのためのWEBカメラや照明などの機材の設定などが問題なくこなせるか。こういったことへの対応ができなければ、これからの時代に成長するのは厳しいでしょう。

　また、ホームページや名刺などについては、これまでのようなメー

ルフォームや電話番号の掲載だけでなく、LINEやSlack、Chatworkなどの問合せ先も載せたほうがいいでしょう。筆者の顧客の中にも、電話でもメールでもなく、これらのコミュニケーションツールを好む方々が多くいます（特にITベンチャーなど）。問合せ方法としてこれらのツールを載せているかどうかは、成約率に大きな影響を与えると考えており、この対応が非常に重要であると感じています。

◆図表6−2　名刺への記載例

士業が活用すべき SNSとは

1 情報発信の必要性

　士業というのは、自分たちが思っている以上に壁を感じられやすい仕事です（固い、怖い、気難しい）。ホームページは持っていて当たり前の時代になりましたが、ホームページは、サービスの内容、業務フロー、料金などを載せるには適していても、どんな思いで仕事をしているかや、その人柄、人間味などの「人」の部分を伝えるのに向いているとはいえません。

　人はそれぞれ判断基準が異なります。例えば美容室を選ぶ際、近いから、安いからという人もいるでしょうし、なんとなくコミュニケーションがとりやすいように感じるからという人もいるでしょう。あるいは、あまり話しかけられたくない人であれば、静かな空間を提供してくれることを基準に選ぶこともあるでしょう。

　つまり、一定程度、商品・サービスを選択する際に「人」の部分で決断する人はいるということです。そして、この「人」の部分について伝えられるのがSNSです。

　また、ホームページを検索するときというのは、すでに課題や調べたいことが明確になっている場合です。例えば使える補助金や助成金の情報などは、知らなければホームページの検索すらできません。しかし、SNSで流れている情報を見ることで知り、活用したい

と連絡が来る可能性があります。その意味で、SNSはホームページ
のような受け身のツールでなく、積極的な情報発信ツールといえる
でしょう。

　そもそも我々士業は、どんな仕事をしているか、何ができるかが
あまり知られていません。もちろん、弁護士が訴訟をし、税理士が
税務申告をするなど、大枠はわかっているでしょう。しかし、細か
な業際や、業務領域については、自分たちが思っている以上に認知
されていないものです。ですから、自分たちから「何ができるのか」
を発信することはとても大事です。

　筆者も10年以上付き合いのある顧客から「そんなこともできるん
だ」とか、自分たちが扱っている業務なのに「○○できる人を紹介
してほしい」などと言われてしまいます。ある程度発信しているつ
もりでもこれなのですから、士業はもっと自分たちのことを知って
もらうための努力をすべきといえるでしょう。

② どのSNSを使用すべきか

　SNS利用者の統計を見ると、LINE、Instagramが増加傾向、一方
でTwitterやFacebookは同水準で推移しています。ビジネスで活用
する場合には、筆者はTwitterとFacebookが有効だと思っています。
コミュニケーションツールとしては、LINEは活用すべきですし、
LINE@などをメルマガ代わりに活用するのも効果はありますが、
若年層の利用が多いイメージもあり、機能的にもコミュニケーショ
ンがメインであると感じています。ただ、SNSについてはどんどん
新しいサービスが生まれたり、機能追加されたりしていくので、あ

◆図表６－３　国内主要SNSの利用者数の推移

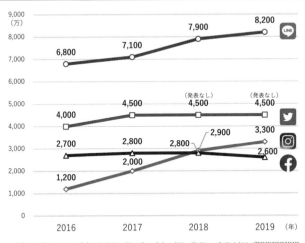

国内主要SNS｜MAU数の推移（年別）

（出典）株式会社ガイアックス「ガイアックス ソーシャルメディアラボ」

くまで顧客視点で活用すべきツールを見定めていきましょう。

　これまでLinkedInやGoogle+などのツールが出ても、日本ではそれほど浸透しなかった例もありますし、何をやったらいいのか、何をやってもすぐ変わるから、という意見もあるでしょう。しかし、それぞれのツールによって利用方法は異なりますし、自分のペルソナを考えて適したツールを活用すべきだと考えます。

　持論ですが、一つのツールをある程度使いこなせれば、他のツールの習得もさほど苦にならないように思います。繰り返しになりますが、顧客視点とマーケティングの視点を持って、SNSを最大限に活用しましょう。

◆図表6－4　TwitterとFacebookの比較

	Twitter	Facebook
メリット	ビジネスユーザーが多い	コミュニティ作りに適している
	バズる（話題になる）と拡散力が強い	メッセンジャーでグループが作りやすい
	新しい視点や知識に触れやすい	実名のため情報に信頼感がある
	検索がしやすい	広告が活用しやすい
デメリット	匿名ユーザーも多く炎上リスクがある	既知のつながりがメイン
	情報が流れやすい	アカウントの乗っ取りが比較的多い
	文字数制限がある	仕様変更が多い

Twitterは未知とのつながり、Facebookは既知のつながり

1 目的によってSNSを使い分ける

　Facebookは友達申請をしても、相手が承認しない限りはその人とつながることはできません。そのため既存の知り合いとのやり取りが多くなりますが、Twitterは一方的にフォローできるため、これまで付き合いのない人とのやり取りがしやすいツールといえます（※ダイレクトメッセージは、通常は相互フォローしなければ使えません）。

　士業の中にこれらのツールをすでに使っている人は多いと思いますが、仕事として活用するというよりは、情報収集、知り合いとの連絡手段、独り言をつぶやくためというような使い方がほとんどで、積極的にビジネスに活用している人はまだまだ少ないと思います。あくまでツールですので、使う目的はそれぞれ自由です。しかし、筆者はビジネスに活用できるのであれば、正しくツールを知り、徹底的に活用したいと思っています。

　筆者（石下）はTwitterもFacebookも毎日更新していますが、それぞれ目的を以下のように明確に分け、その目的達成のために活用しています。

○Facebook

・セミナーやイベントの開催への誘導

・「みんなの助成金」への登録の誘導

・行政書士の学校の会員サービスへの誘導

・顧客などを紹介する際のグループ機能の活用

○Twitter

・これまでつながりのなかった士業との提携

・提携先になる企業との出会い

・採用活動

・メディア露出

---

2 拡散力を考慮する

　これらのツールは、ともにリツイートやシェアという機能で拡散されやすいという点では、我々士業の存在を知ってもらうのに非常に効果的です。以前、筆者が新型コロナウイルスに関する支援策について一覧にした記事をアップしたところ、知り合いの社長がTwitterでリツイートしてくれ、そのツイートがなんと3,000回以上リツイートされ、大量の問合せにつながったということもありました。Facebookの場合には友達の友達までという制限はありますが、それでもリツイートやシェアが重なると、自分の力では到底できないレベルに拡散されることもあります。

　ただし、この拡散力が逆効果となってしまう場合もあります。い
わゆる「炎上」ですが、知らぬ間にネガティブに拡散されてしまう
リスクを伴いますので、注意が必要です。実際、筆者の周りの士業
でも、言葉の一端を切り取られ、偏重的に拡散されてしまった例も
あります。また、本人に気づかれないように画面をキャプチャして
誹謗中傷的な記事を書く人や、攻撃的に絡んでくる人もいますので、
そういう場合は無視をするか通報するのが一番です。

　SNS上の誹謗中傷による痛ましいニュースも目にしますが、これ
は芸能人や有名人に限った話ではありません。使い方によっては、
我々のような一般人にもこうしたリスクがあることは理解しなけれ
ばなりません。有名であろうとなかろうと、我々士業は国家資格者
としての責任を自覚し、あまり軽はずみな発言をしないよう注意す
る必要があります。

SNS検索・口コミの影響力

　出張先で飲食店を探すとき、皆さんはどのように調べるでしょうか？　おそらくは食べログなどのアプリを使ったり、「地名」＋「夕食」＋「おすすめ」などで検索したりすると思います。

　Googleで検索して調べることを、一般的に「ググる」といいますが、最近は「タグる」という言葉が使われているのをご存知でしょうか。これは、SNSで使用されるハッシュタグを使って自身が気になる情報にアクセスすることを指します。

　検索サイトの検索結果はSEO対策されているほか、広告などが上がってきてリアルではないという評価もあり、最近はいわゆるハッシュタグを使った検索をする人が増えているようです。つまり、他人が付けたハッシュタグや、他人のコメントを参考にする人が増えているということです。

　また、Google検索で得ようとする情報は、いわゆる有識者の知見であることが多く、そもそも検索ワードを自分で理解していなければ活用できません。

　その点で、ユーザーのリアルな声を参考にしたり、自分でも明確には意識していないけれども興味があるもの、自分が尊敬したり好きな人のおすすめしているものにアクセスするには、「タグる」を含むSNS検索が有効なのです。

「デジタルメディア利用実態グローバル調査」（2018年、デロイト トーマツ コンサルティング）によると、世代を問わず、家族や友人、知人からの推薦が、最も影響力が高いとされています。食事だけでなく、映画、家電、旅行先の検討など、我々はすでに幅広い分野で口コミを参考にしています。

　例えば、弊所のグループ会社で運用している補助金・助成金の検索サービスである「みんなの助成金」の場合でいえば、以下のような具合です。

① 機能や差別化ポイントについてハッシュタグやリンクを付けて投稿する　➡

② リツイートされる　➡

③ そのサービスに興味を持ってくれた人が他の第三者の声を知ろうとSNS検索をする

④ より詳しく知りたくなってGoogleで検索をする　➡

⑤ 利用してくれる　➡

⑥ 利用した感想をツイートしてくれる

　図表6－5は、SNSマーケティングで有名な株式会社ホットリンクの飯髙悠太さんの提唱している「ULSSAS理論」に「みんなの助成金」を当てはめたものですが、士業の世界にも同じことがいえると思っています。

　例えば、士業の方が本を出版した場合、自分で自分の本を最高と評してSNSに投稿しても、買ってくれる方はそう多くはないでしょう。しかし、誰かがその投稿に「いいね」を押したり、リツイートをすれば、その先にいる方が興味を持ってSNS検索やGoogle検索を

◆図表６−５　　ULSSAS理論

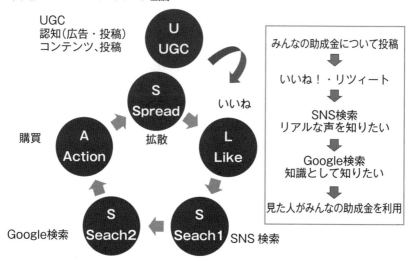

してくれるかもしれません。その検索結果を見て興味がわけば、購入へとつながります。そして、読んだ感想をツイートしてくれるかもしれません。それを見た別の方がまた興味を持って調べ、買ってくれるかもしれません。

　先述の通り、世代を問わず、家族や友人、知人からの推薦が最も影響力が高いとされていますので、SNSの口コミでは、「自分に近い人がお勧めしているのだから」という気持ちが働きやすいのです。筆者も仲の良い食通の士業の方のTwitterを見て、行ってみたいお店リストに加えています。検索サイトで上位に来る広告ではなく、信頼できる人の口コミや意見のほうが間違いないと思っているからです。

　もちろん、もともとのコンテンツがきちんとしていなければ「いいね」も、拡散もされませんので、コンテンツをしっかりさせることが大事なのは当然のこととなります。

ザイオン効果とブランディング

　人には、接触回数が多いほど相手に親近感を持ちやすいという性質があります。1968年にアメリカの心理学者ロバート・ザイアンスが広めた理論のため、「ザイオン効果」とか「ザイアンス効果」といいます。

　ザイアンスが行なった実験は、大学生を被験者としたものです。卒業アルバムの中から12人分の写真を抜き出し、被験者にランダムに同じ写真を何度も見せるのですが、見せる回数は写真によって1〜25回の範囲でばらつきをもたせます。その後、12枚の写真を全部並べて見せ、どの写真が最も印象が良かったかを尋ねると、被験者は見た回数の多かった写真ほど印象が良かったと答える傾向がありました。つまり、目にする機会が多いものほど強い印象を持つということがわかったのです。

　筆者がブログを書き始めた頃、面識はないものの定期的に読んでいる、ある士業の方のブログがありました。お互いコメントを付け合ったりしていたのですが、とある勉強会で直接会ったときに、まったく初対面という感じがせず、昔からの知り合いのように話せたという経験があります。これもザイオン効果の影響であり、ネット上でのやり取りが増えていたことで互いに親近感を持っていたのだと思います。そしてこれはブログだけでなく、TwitterやFacebookに

も同じことがいえます。

　また、インターネット広告でも、「リマーケティング広告」や「リターゲティング広告」などと呼ばれる、検索キーワードや閲覧ページの履歴情報をもとにしてユーザーの好みに合いそうな商品を紹介する仕組みが用いられています。これらもザイオン効果を狙ったものであり、ユーザーは同じ商品を何度も目にするうちに、その商品に対して徐々に好感を持つようになると考えられているのです。

　士業にとって、このザイオン効果を最大限に活用できるのがSNSだといえます。これまでも、顧客との関係構築を図り、受任につなげていくために、ステップメール（問合せや資料請求といった特定のアクションを起こした人に対して、事前に用意した複数のメールを一定期間送信するもの）を活用したり、既存の顧客にメルマガを送ったりと接触回数を増やす取組みをしている事務所はあるでしょう。さらにTwitterやFacebookに投稿すれば、つながっている方がその投稿を目にする可能性があるわけで、基本的にお金をかけずに相手との接触回数を増やすことができます。多額の広告費をかける必要もなく、活用次第によっては不特定多数の方により多くの接触をすることも可能になり、それだけ自分のサービスを利用してもらえる可能性を増やすことになります。

　ただし、使い方を間違えると、相手からむしろ不快に思われてしまうこともあります。相手からの評価がマイナスだった場合、ザイオン効果がプラスに働くとは限りません。やはりコンテンツが大事なのです。

ファン作り

1 ファン作りはコミュニティ作り

　SNS活用で欠かせない視点がファン作りです。ファンというと、「自分は芸能人ではないし…」と自信をなくしてしまう方もいますが、これも言い換えればコミュニティ作りです。オンラインサロンはその一つですが、新型コロナウイルスの影響でリアルでの交流が減った分、オンラインでのつながりが注目されています。例えばTwitter内には、クラウドサービスのfreeeを活用する士業のコミュニティがあり、全国から参加者が集って情報交換をしています。筆者も参加しましたが、非常に活発に活動していて、参加者同士も仲が良く、素晴らしいコミュニティでした。

　また、Facebookにはグループ機能もありますから、参加者同士で気軽にコミュニケーションを取ったり、仕事を紹介し合ったりなどがとてもしやすくなっています。もともとそうした機能はありましたが、Withコロナ時代にはさらに活用されるのではないかと思っています。
　知り合いのある税理士は、顧問先をFacebookのグループに入れて、顧問先同士がつながれるような仕組みを取り入れています。筆者も、自分が得意にしている協会ビジネス支援について、事例の共

有や連携などによって顧客同士にプラスの影響があればとFacebook
のグループを作っています。また、補助金講座を完了した方々と
Chatworkでグループチャットを作ることで、全国の補助金業務の
紹介や情報交換の場としたりもしています。

　このように、自分が中心になってコミュニティを立ち上げ、また
運営することで、自分の力だけではできないことを可能にしたり、
情報収集のスピードを上げたりしています。

❷　SNS活用で接触回数を増やす

　特に行政書士の場合は、スポット業務が大半です。それゆえ接触
回数を増やしにくく、信頼関係を構築する難易度も高くなります。
その結果として、より高単価業務を提案するアップセルや、別のサー
ビスもセットで提案するクロスセルも提案しにくいのですが、たと
え業務が完了して実際に会うことがなくなっても、Twitterや
Facebookでつながっていれば関係を構築することが可能です。

　前述のザイオン効果でも解説しましたが、SNSを活用することで
接触回数を増やすことが信頼につながる可能性があるのです。です
から、せっかくの縁を深めるためにも、コミュニティ運営やSNS活
用によって、見込み客や顧客との接触回数をいっそう増やそうとす
ることはとても効果的だと考えます。

顧客に合わせた コミュニケーションツール

1 ペルソナごとに運用を変える

　筆者はホームページを作る際に、ターゲットとする顧客モデルをより詳細に設定する「ペルソナ」の設定に相当時間をかけます。徹底的な顧客視点がなければ結果につながりにくいというのは、ホームページもSNS活用も同じであり、マーケティングの基本です。どんなにテクノロジーが発達しても、頼むのは人であり、その相手のことを考えることなしにビジネスは成り立ちません。

　例えば恋愛で意中の相手に振り向いてほしいとき、好き嫌いなど、相手について知ろうとするでしょう。我々士業の仕事も同じです。「相手の心を動かす」「相手を振り向かせる」という点で、恋愛とよく似ているのです。

　よくターゲットという言葉が使われますが、ペルソナはそれよりさらに詳細に、この「相手」を設定します。例えば、ターゲットを30代、社長という層で絞ったとしても、その層に属する人はそれぞれスタイルや好みが違います。

　あなたが振り向いてほしい顧客はどんな人でしょうか？　その人はどんなコミュニケーションツールを好むでしょうか？　業種や事業内容、社員数、資本金、売上高、経営方針などはどうでしょうか？

　筆者のホームページは、同じ業種でも複数の種類を作って運用し

ています。なぜなら、同じ業種でも、ペルソナ設定が異なれば、訴求すべき内容も異なるからです。

　具体的にいえば、同じ産業廃棄物業でも、収集運搬業か中間処理業かで何が響くかは異なります。また、同じ収集運搬業でも、車が1台で役員も1名の会社なのか、車が30台で取締役会も設置されていて、複数の都道府県の許可を取るような会社なのかでは、大きく異なります。前者であれば「安い」「早い」などのほうが響くでしょうし、連絡先も携帯番号を載せておくとよいかもしれません。ですが後者では、安さや早さよりも「実績」や「組織力」を重視するのではないでしょうか？　また、携帯番号よりもメールでの問合せが好まれるのではないでしょうか？

2　コミュニケーションツールの設定

　以上のように、ホームページやSNSの運用にあたっては、目的も大事ですが、ペルソナが同じくらい重要です。そして意外と見落としがちなのが、コミュニケーションツールの設定です。

　あなたのペルソナに合う方は、電話での連絡を好みますか？　電話は携帯電話ですか？　固定電話でしょうか？　または電話は相手の状況を考慮したツールではないとして、メールやチャットを優先するでしょうか？　チャットだとしても、Slackでしょうか？　Chatworkでしょうか？　問合せにつながったとして、実際にやり取りをする際はZOOMやbellFaceでしょうか？　それとも直接の面談を好むでしょうか？

　ここに正解はありません。ただひたすら顧客視点に立ち、顧客が

連絡を取りやすいツールを活用することが受任につながり、その後の良い関係を築きやすくするのではないかと思います。

　ただ、この際に注意が必要なのは、従業員の返答可能時間です。特にチャットやLINEを活用する場合には、即時性を重視する方が多いと思います。代表や役員ならまだしも、従業員が就業時間外に対応すれば時間外労働になりますので、事前に取り決めをしておいたほうがいいでしょう。弊所では、顧客に合わせてコミュニケーションツールを運用していますが、Chatworkを使う際には、下記のように最初に顧客に対して伝えるようにしています。

【お願い】

・メッセージにはTO、返信にはREを付けてください。

・円滑なコミュニケーションを図るため、「リアクション（顔文字）」を使用させていただく場合があります。

・メッセージに返信がない場合、メッセージが流れてしまい見落としてしまっている可能性がございます。その際は恐れ入りますが、再度メッセージをいただくかメッセージを「タスク化」していただきますよう、お願いします。

・対応時間は原則「平日9：00〜17：00」です。
　この時間帯以外は返信が遅れる場合がありますので、あらかじめご了承ください。

　また、LINEやメッセンジャーなどを使用する際にも、営業時間については事前に触れるようにして、営業時間外には返事ができないことを伝えるようにしています。ただし営業時間中は、なるべく早いレスポンスを意識しています。

第7章

最後に

～時代に適応し、成長し続けるために～

微差が大差に

　「うまくやっている人は、なぜうまくやれているか？　それは、うまくやれるようにやっているからだ。ダメになる人は、なぜダメになっているのか？　それは、ダメになるようにやっているからだ」という松下幸之助氏の言葉があります。

　我々士業は、それぞれ同じ資格を持っています。しかし、その資格を活用し、活躍できている人ばかりではありません。うまくやっている士業は、うまくやれるようにやっているからこそであり、ダメになる士業は、ダメになるようにやっているのです。当たり前のようですが、同じ資格を持っていても差が出るのは、「やるべきことをしっかりとやっているか」ということが大きいと考えています。一つひとつは小さくても、それが積み重なることで大きな差になるのではないでしょうか。

　つまり、大事なのは「継続的にPDCAサイクルを回す」こととなります。しかも、それをできる限りスピーディーに行う必要があります。今現在、事業規模も大きく好業績を上げている方々が、最初からそうであったかといえばそうではなく、目の前の仕事を一つずつ丁寧にこなし、改善することで結果としてそうなったということを無視してはいけません。

　新しく開業した方から「どのようにすればうまく経営することができますか？」という相談がありますが、答えとしては「魔法みたいな方法はなくて、ただ目の前のやるべきことを一生懸命実施すること」とアドバイスをしています。

　自分のレベルを大きく超える仕事は残念ながら入ってきません。最初から利益率が高く、取り組む価値の高い仕事が入ってくることはないのです。依頼された仕事を少しでも工夫して良い仕事にする。その積み重ねがより良い仕事を受託することにつながります。

　うまくいっていない人を見ると、その少しの工夫、つまり微差を大切にせずに、大きなことをしようとする傾向にある気がします。微差が大差、この言葉を念頭に本書の内容を実践してもらえれば幸いです。

失敗の中にこそ成長がある

　今までは、士業にもある程度、「勝ちパターン」というものがありました。

　例えば行政書士であれば、業務特化して専用のホームページを作り、PPC広告（検索ワードに応じて検索結果に表示されるネット広告。クリックされると広告費が発生する）をかけて問合せを増やしつつ、コンテンツをためて自然検索でも上位表示を目指して新規の受注件数を増やします。そのうえで、既存の顧客の期限管理やアップセルできそうなサービスの提案をしつつ、市場がより伸びそうであればさらに広告を投下、または他の領域で同じように受注を増やしていきます。

　また、リアルでの戦略としては、交流会やセミナーに出て地道にコツコツと人のつながりを作り、それを強化して紹介を増やすことや、BNIや異業種交流会に参加する、コミュニティに加入するなどがあるでしょう。

　ですが、新型コロナウイルスの影響で、こうしたリアルの交流の場は相当に制限されています。面談すらオンライン化するなかで、勝ちパターンやリアル営業自体も大きく変わるでしょう。

　前例踏襲型でない時代を生き抜き、成長し続けるために必要なこと、それは「チャレンジ」です。未開の地に行くのに失敗は付きも

のですが、それでもチャレンジをして変化をしていかなければ生き
残るのは難しいのです。かつてフロンティアを開拓した人たちのよ
うに、我々はテクノロジーやウイルスによって急速に変わっていく
時代を生き抜くために、失敗を過度に恐れずに果敢にチャレンジを
し、たとえ失敗したとしても、そこで得た経験を糧に成長していく
しかないのだと思います。

これからは時代適応
できた士業の時代

　15年前、士業でホームページを作り、それを使って営業をしている人はまだまだ稀でした。当時、試行錯誤しながらもホームページを作った人は一気に集客を増やすことに成功しました。ほかに誰もやっていなかったからです。その後、ブログやSNSの時代が始まり、それらを活用できた人は爆発的な発信力を手にしました。受け身でなく、こちらから発信することで、より見込み客に認知を広げることができ、提携先となり得るネットワークを急速に、そして全国に広げることができました。インターネットやSNSがなければ、これほどのスピードでそのような人的ネットワークを構築することは不可能だったでしょう。

　筆者（石下）自身、行政書士のネットワークを構築して、現地の先生方に復委任で申請の部分をお願いすることが増えています。行政書士業務は、実際に役所に申請に行かねばならないものがほとんどであるためです。特に産業廃棄物収集運搬業や定款認証などは、現地の県庁や公証役場に行く必要があるため、移動時間や手間を考えれば現地の先生に頼むほうが合理的ですし、顧客からしても交通費の分で無駄にならず、皆にとってプラスになります。

　また、最近連携した金融機関とのクラウドファクタリングサービスや一部上場企業の出張買取会社との相続分野における連携も、こ

うした全国の行政書士との提携ネットワークがあるからこそ立ち上げることができました。

　繰り返しますが、これからはこれまで以上に速いスピードで、社会の仕組みそのものが変わっていくでしょう。デジタルファースト法案に基づいて動き出していたところに、新型コロナウイルス感染拡大によってそのスピードが一気に増していきます。AIによって仕事が奪われる前に、大きな変化の波が押し寄せています。良くも悪くも、古くから制度を大きく、早く変えるのは"危機"だということでしょう。

　コロナ禍によって行政書士の仕事も郵送申請できるものが増えました。このままの流れでオンライン申請に向かうでしょう。実際に、補助金申請の多くはオンライン申請が前提になっており、1つのID・パスワードでさまざまな行政サービスにログインできるサービス「GビズID」は、今後、ほかの手続きにも導入されると考えています。

　これから士業がどのような方向に向かっていくのか、現時点で明確な答えはありません。だからこそ、変わりゆく社会のニーズにアンテナを張り、自分たちが提供できる価値を変化、進化させていくためにチャレンジをしていかねばならないのだと思っています。

　我々士業の専門性が不要になるとは思いません。ただ、伝え方、在り方自体が変わるのだと思います。インターネットが普及し始めた頃、検索できれば情報を得られるのだから、士業の価値は相対的に低くなっていくといわれました。しかし、我々は検索エンジンだけでは解決できないことがあるということを証明してきました。

205

　これからの変化のなかでも、顧客を見つめ、社会の不足、不満、不安といった「不」を見極めて、その解消につなげるために自分たちの知識、経験を活かしていくことができれば、危機どころか大きなチャンスがあると思っています。本書がそうした未来を切り拓く一助になれば幸いです。

◆図表7−1　GビズIDで利用できる行政サービス一覧

サービス名	利用可能なアカウント種別			委任対応	担当省庁名
	gBizID プライム	gBizID メンバー	gBizID エントリー		
jGrants jGrants https://jgrants.go.jp 公募から事後手続まで全プロセスをデジタル化した補助金申請システム	○	−	−	−	経済産業省 お問い合わせは、応募する補助金の事務局までお願いいたします
社会保険手続きの電子申請 社会保険手続きの電子申請 https://www.nenkin.go.jp/denshiben ri/e-gov2.html 社会保険の手続きを電子申請で行うための「届書作成プログラム」の提供や利用方法などについてご紹介	○	○	−	−	ねんきん加入者ダイヤル（日本年金機構電子申請・電子媒体申請照会窓口）0570-007-123（ナビダイヤル）
保安ネット 保安ネット https://www.meti.go.jp/policy/safety_security/industrial_safety/hoan-net/ 産業保安・製品安全分野の一部手続きをインターネットで提出するサービス（製品安全の手続についてはエントリーIDでの申請を受け付けておりません。）（提供エリア、対象手続きについては保安ネットのページにてご確認ください。）	○	○	○	−	経済産業省 050-2018-8381
農林水産省共通申請サービス 農林水産省共通申請サービス https://e.maff.go.jp 農林水産省の申請手続きをオンラインで共通的におこなえるサービスです	○	○	○	−	農林水産省 0570-550-410（ナビダイヤル） ※通話料はお客様負担 平日9時30分～17時30分 （土日祝日・年末年始を除く）

					お問い合わせ先
ミラサポplus 中小企業向け補助金・支援サイト	ミラサポplus https://mirasapo-plus.go.jp 中小企業向け補助金、支援サイトです。以下のサービスを利用いただけます。 ・支援制度検索、事例検索 ・各種電子申請サイトへのポータル機能 ・電子申請入力補助機能（e-Taxを始めとする外部からの情報取得など） ・経営状況の可視化ツール	○	○	○	—	中小企業庁 お問い合わせはミラサポplusのサイトでご確認ください。
省エネ法定期報告書情報提供システム	省エネ法定期報告書情報提供システム https://shoene-opendata.meti.go.jp 特定事業者向けに省エネ法取組に有用となる情報を提供するシステム	○	○	—	—	資源エネルギー庁 お問い合わせは省エネ法定期報告書情報提供システムのサイトでご確認ください。
鉱業原簿登録更新サイト	鉱業原簿登録更新サイト https://www.kougyougenbotouroku.meti.go.jp/genbo/jsf/j/WJ0001.xhtml 鉱業権設定に係る登録免許税納付後から鉱業原簿への登録手続き	○	○	—	○	資源エネルギー庁 お問い合わせは鉱業原簿登録更新サイト内にてご確認ください。
事業承継補助金	令和元年度補正事業承継補助金 https://www.shokei-hojo.jp/ 事業承継（事業再編、事業統合を含む）を契機として経営革新等を行う中小企業・小規模事業者に対して、その取組に要する経費の一部を補助する補助金です。	○	○	—	—	中小企業庁 お問い合わせは令和元年度補正事業承継補助金のサイトで、補助金事務局の連絡先をご確認ください。
経営力向上計画	経営力向上計画申請プラットフォーム https://www.keieiryoku.go.jp/ 経営力向上計画を認定された事業者は税制や金融の支援等が受けられます	○	○	○	—	経済産業省（ほか） （申請する事業分野に応じて担当省が異なります。こちらでご確認ください。）

名称	内容					問い合わせ先
IT導入補助金	IT導入補助金2020 https://www.it-hojo.jp/ IT導入補助金は、中小企業・小規模事業者等のみなさまが自社の課題やニーズに合ったITツールを導入する経費の一部を補助する制度です。	○	—	—	—	経済産業省 中小企業庁 独立行政法人中小機構基盤整備機構 お問い合わせ先は、IT導入補助金のサイトで、お問い合わせ・相談窓口をご確認ください。
Smart SME Supporter	情報処理支援機関［スマートSMEサポーター］認定制度 https://smartsme.go.jp/ 中小企業の生産性向上に資するITツールを提供するITベンダー等のIT導入支援者を「情報処理支援機関」として認定する制度です。	○	○	—	—	中小企業庁 お問い合わせはスマートSMEサポーターのサイトで、問い合わせ窓口の連絡先をご確認ください。
認定経営革新等支援機関電子申請システム	認定経営革新等支援機関電子申請システム https://www.ninteishien.go.jp/ 経営革新等支援機関としての認定を受けるための申請手続をオンラインで行えるサービスです。 認定経営革新等支援機関の概要に関しては、中小企業庁HPをご確認ください。 https://www.chusho.meti.go.jp/keiei/kakushin/nintei/index.htm	○	○	—	—	中小企業庁 電子申請システムに関するお問合せは電子申請ヘルプデスク（03-4405-1877）までお願いします。 https://www.ninteishien.go.jp/UserInquiry
厚生労働省 食品衛生申請等システム	食品衛生申請等システム https://ifas.mhlw.go.jp/faspte/ 食品リコール情報の公開、営業許可申請・届出が行えます。	○	○	○	—	厚生労働省 お問い合わせは食品衛生申請等システムのサイトで、ヘルプデスクの連絡先をご確認ください。

ロゴ	内容					問い合わせ先
DX推進ポータル	DX推進ポータル https://dx-portal.ipa.go.jp 企業のDX推進のための支援サイトです。 以下のサービスを利用いただけます。 ・DX推進指標による自己診断(準備中) ・DX認定制度への各種申請手続き ・DX銘柄制度への各種申請手続き(準備中)	○	○	○	－	経済産業省 独立行政法人情報処理推進機構 お問い合わせは https://www.ipa.go.jp/ikc/info/dxcp.html (IPAのHP) にて窓口をご確認ください。
+TeCOT	TeCOT(海外渡航者新型コロナウイルス検査センター) https://www.meti.go.jp/policy/investment/tecot/top.html ビジネス渡航者等がオンライン上でPCR等検査可能な医療機関を検索・予約できるサービスを提供しています。	○	○	○	－	経済産業省 [お問い合わせ先] コールセンター 通話料はお客様負担 (ナビダイヤル) 渡航者等向け 0570-039656 医療機関向け 0570-028117 受付時間 9:00～17:00
e-GOV	e-Gov https://www.e-gov.go.jp/ 行政情報の総合的な検索・案内サービスの提供、各府省に対するオンライン申請・届出等の手続の窓口サービスの提供を行う行政のポータルサイトです。	○	○	○	－	総務省 e-Govに関する問合せはe-Gov利用者サポートデスクまでお願いします。 https://www.e-gov.go.jp/contact/

(出典) 経済産業省「Gビズ I D で利用できる行政サービス一覧」 ※本書発行時点の情報です

【著者略歴】

五味田匡功 (ごみた・まさよし)

社会保険労務士。2007年会計事務所在籍中に社会保険労務士・中小企業診断士に同年度合格。会計事務所内にて社内ベンチャーとして社労士事務所を立ち上げ、その後独立。ダブルライセンスを活かし、人事・労務設計と共にビジネスモデルの改善もサポートすることで、関西でも有数の社労士事務所に成長させる。2015年8月にホワイト企業を認定するホワイト財団を立ち上げ、株式会社ニトリホールディングス、田辺三菱製薬株式会社等の大企業を中心に普及させ、そのコンサルティングノウハウをパッケージ化して社労士業界に普及。その影響もあり、船井総研が主催し、社労士による投票で決定される「最も活躍した社労士」に2年連続で選出され表彰される。2020年3月には自ら立ち上げた社労士事務所を事業承継し引退、同時に42年の歴史がある株式会社クリエイトマネジメント協会を承継する。承継を「する側」「される側」両者の経験を活かして新しい承継モデル「ネクストプレナー」を立案し、日本最大の税理士事務所である辻・本郷税理士法人との共同事業として国、地方公共団体、金融機関と連携しながら普及に邁進している。

石下貴大 (いしげ・たかひろ)

行政書士。2008年に行政書士試験合格後、社会人経験もない状態で行政書士石下貴大事務所を開業。環境系行政書士としてブログを活用し情報発信しており、廃棄物業界の全国組織である全国産業資源循環連合会青年部協議会の相談役も務める。事業を拡大し、2014年に行政書士法人GOALに組織変更。その後に社会保険労務士法人GOALや株式会社GOALを立ち上げグループ化。専門特化の業務チームを複数領域で持つ。手続きのプロフェッショナルでありつつ、複合的にお客様に貢献できる事務所を目指している。また、廃棄物業、建設業に特化した電子契約サービス「e契約」や補助金・助成金の検索サイト「みんなの助成金」を開発、運用するなど関連する領域での事業を行う。行政書士が実務を学ぶ機会が少ない現状を変えるべく、一般社団法人行政書士の学校を立ち上げ、年間のべ1,000人以上の行政書士に実務を学ぶ機会を提供し、行政書士業界の底上げ、活性化に尽力している。

急成長を実現する！
士業の営業戦略　　　　　　　　　　令和3年1月30日　初版発行

 日本法令®　　　　　　　　　　　　　　　検印省略

〒101-0032　　　　　　　　　　　　著　者　　五味田　匡　功
東京都千代田区岩本町1丁目2番19号　　　　　　　石　下　貴　大
https://www.horei.co.jp/　　　　　　発行者　　青　木　健　次
　　　　　　　　　　　　　　　　　編集者　　岩　倉　春　光
　　　　　　　　　　　　　　　　　印刷所　　神　谷　印　刷
　　　　　　　　　　　　　　　　　製本所　　国　　宝　　社

（営　業）　TEL　03-6858-6967　　Eメール　syuppan@horei.co.jp
（通　販）　TEL　03-6858-6966　　Eメール　book.order@horei.co.jp
（編　集）　FAX　03-6858-6957　　Eメール　tankoubon@horei.co.jp
（バーチャルショップ）　https://www.horei.co.jp/iec/
（お詫びと訂正）　https://www.horei.co.jp/book/owabi.shtml
（書籍の追加情報）　https://www.horei.co.jp/book/osirasebook.shtml

※万一、本書の内容に誤記等が判明した場合には、上記「お詫びと訂正」に最新情報を掲
　載しております。ホームページに掲載されていない内容につきましては、FAXまたはEメールで
　編集までお問合せください。